नद

nada

Karin Jundt

Liebe
ist kein Deal

Ein Weg zur glücklichen
Paarbeziehung

nada   Reihe Wegweiser

Bibliografische Information der Deutschen Nationalbibliothek:
Die Deutsche Nationalbibliothek verzeichnet diese Publikation in der Deutschen Nationalbibliografie; detaillierte bibliografische Daten sind im Internet über http://dnb.dnb.de abrufbar.

Verlag: nada Verlag Karin Jundt, 8712 Stäfa, Schweiz
E-Mail: info@nada-verlag.ch
Druck: Libri Plureos GmbH, Friedensallee 273, 22763 Hamburg, Deutschland
Vertrieb: Books on Demand GmbH, In de Tarpen 42, 22848 Norderstedt, Deutschland; E-Mail: info@bod.de

2. überarbeitete Auflage 2024 (1. Auflage 2019)
Copyright © 2019, 2024 nada Verlag, CH-8712 Stäfa

ISBN 978-3-907091-16-6

Für Michael,
Liebe meines Lebens

Inhaltsverzeichnis

Ein Mann klopfte an die Tür der Geliebten.
Eine Stimme fragte: «Wer ist da?»
Er antwortete: «Ich bin es.»
Die Stimme sagte:
«Hier ist kein Platz für mich und dich.»
Und die Tür blieb geschlossen.
Nach einem Jahr Einsamkeit
klopfte der Mann wieder an die Tür.
Eine Stimme fragte: «Wer ist da?»
Er antwortete: «Du bist es.»
Die Tür wurde geöffnet.

Frei übersetzt nach Dschalaluddin Rumi,
persischer Mystiker aus dem 13. Jahrhundert

Einleitung

Der Liebesdeal, das heutzutage bei uns am häufigsten praktizierte Paarbeziehungsmodell, hat sich als wenig brauchbar erwiesen, das lässt sich angesichts der hohen Scheidungsraten, der wohl noch größeren Anzahl gescheiterter Verbindungen ohne Trauschein und der vielen in einer Beziehung unglücklich Ausharrenden nicht leugnen.

Dabei sehnen wir uns alle nach der reinen, wahren Liebe, nach einer Gemeinschaft mit einem Menschen, der uns bedingungslos liebt und den wir ebenso lieben. «Liebe ist der Wunsch, etwas zu geben, nicht zu erhalten», sagt Bertold Brecht. Ein hehres Ideal, dem wir scheinbar nicht gewachsen sind. Begegnen wir nämlich der großen Liebe, so finden wir uns nach einer kurzen Zeit des Schmetterlingsschwebens über den Wolken auf dem harten Boden der Realität wieder. Vergessen sind die Ideale, ersetzt durch gegenseitige Forderungen und Erwartungen. Im besten Fall gehen die Partner, bildlich gesprochen, einen Vertrag ein über Rechte und Pflichten, mit Kompromissen und den Tücken des Kleingedruckten, an den sie sich dann mehr gezwungenermaßen halten. Im schlechtesten Fall entstehen unüberwindbare Differenzen und Konflikte. Nach und nach reiben sich die Liebenden daran auf und die Liebe erlischt, oder wie Sri Aurobindo sagt: «Die Flamme der unvollkommenen Liebe frisst den Brennstoff auf, den sie umarmt.»

Male ich zu schwarz? Es existieren doch auch funktionierende Beziehungen, selbst wenn man sich manchmal streitet und durch Krisen geht. Selbstverständlich! Es gibt Paare, die einen Weg finden, zusammen (mehrheitlich) glücklich zu sein. Ich selbst fühlte mich in meinen ersten Beziehungen, auch in einer langjährigen, recht glücklich, obwohl sie ebenfalls vom vertraglichen Denken des Gebens und Nehmens geprägt waren. Und doch... Aus meinen Erkenntnissen daraus und meinem heutigen Wissen ist mir jetzt bewusst, dass die tiefe, anhaltende Zufriedenheit, das innere Ruhen in mir während dieser Partnerschaften nicht in dem Maße vorhanden waren, wie es sein könnte und sollte. Und konfliktfrei waren die Beziehungen auch nicht.

Selbst wenn es mir damals schon klar gewesen wäre, hätte ich allerdings nicht gewusst, welche konkreten Maßnahmen ergreifen. Das habe ich erst im Lauf der verschiedenen Beziehungen und meiner persönlichen Entwicklung, insbesondere was die Selbstliebe betrifft, erkannt und in meiner letzten Partnerschaft weitgehend gelebt – zugegeben, mit einem Mann, der mir in dieser Hinsicht voraus war, es mir deshalb leicht machte und mich noch einiges lehrte.

Eine weitere Beobachtung, die mich animierte, ein Buch über Paarbeziehungen herauszubringen (als gäbe es nicht schon genug davon): In Liebesangelegenheiten scheinen wir aus unseren Fehlern nicht genug zu lernen. Nicht nur geraten wir immer wieder an den gleichen Typ Partner, wir stolpern und scheitern auch oft an den gleichen Hindernissen und Unzulänglichkeiten. Das belegt eine im Jahr 2019 veröffentlichte →Studie aus Deutschland mit 554 Teilnehmern, die innerhalb von acht Jahren von einer bestehenden Beziehung in eine andere gewechselt waren. Es zeigte sich, dass sich die alte und die neue Partnerschaft hinsichtlich Sexualleben, Wertschätzung zeigen, sich öffnen und Häufigkeit von Konflikten ähnelten.

→ Studie von M. Johnson und F. Neyer, publiziert in Journal of Family Psycology, 2019.

«Liebe ist kein Deal» begann ich vor über einem Jahrzehnt zu schreiben, stellte es dann aber immer wieder zurück, weil ich andere Buchprojekte vorzog. Genau so sollte es sein. Die letzte Erfahrung mit der Liebe meines Lebens brauchte ich unbedingt noch. Womit ich nicht behaupten will, ich hätte mit dem Beziehungsmodell und der SAKE-Formel, die ich auf den folgenden Seiten vorstelle, das Ei des Kolumbus gefunden und sei bei der Weisheit letztem Schluss angelangt. Es ist an Ihnen, liebe →Leser*innen, sich mit meinen Thesen, konkreten Vorschlägen und Anregungen zuerst theoretisch zu befassen, eine Bewusstseinsänderung herbeizuführen, sie dann in die Praxis umzusetzen und dabei herauszufinden, ob sie für Ihre gegenwärtige (oder künftige) Liebesbeziehung ein tragendes Fundament darstellen.

Kurz bevor ich meiner großen Liebe begegnete, ich war damals seit rund zehn Jahren Single, hatte ich einen anderen Mann kennengelernt, den ich bei den ersten Treffen für

→ Hier und ganz am Schluss des Buches setze ich das Gender-Sternchen. Ansonsten beschränke ich mich um der leichteren Lesbarkeit willen auf die männliche Form – über solchen Äußerlichkeiten stehen wir (Frauen) doch.

überaus weise hielt. Als ich einmal äußerte, mein Ziel sei es, in meiner nächsten Beziehung die wahre, bedingungslose Liebe zu leben, sagte er, etwas überheblich: «Die selbstlose Liebe ist nicht das Ziel. Sie ist der Anfang.» Beeindruckende Worte, dachte ich, wow, ein Mann, der bereits weiß, was selbstlose Liebe ist! Weit gefehlt, er bewies schnell, dass es nur Worte waren: Einem egozentrischeren Menschen bin ich in meinem Leben selten begegnet.

Die reine Liebe, für die ich hier plädiere, ist tatsächlich ein hohes Ideal und Ziel, beinahe übermenschlich, nicht leicht zu erreichen. Doch ich bin davon überzeugt: Allein dadurch, dass wir uns darum bemühen und ein paar Schritte weiterkommen, machen wir nicht nur den Partner glücklich, sondern vor allem auch uns selbst.

Bei dieser Gelegenheit will ich etwas klarstellen, Sie werden es später noch ausführlicher lesen: Dieses Buch ist nicht primär als Anleitung gedacht, wie man eine Paarbeziehung «bis dass der Tod sie scheidet» aufrechterhalten kann. Natürlich ist reine Liebe bestimmt auch die beste Basis für Dauerhaftigkeit. Dennoch gibt es manchmal triftige Gründe für eine Trennung, trotz selbstloser Liebe. Aber es gibt keinen einzigen Grund, *während* der Beziehung unglücklich zu sein. So ist mein Hauptanliegen, einen Weg zu weisen, mit dem die Liebenden Harmonie, Glück und Seelenfrieden erfahren, *solange* sie zusammen sind.

Nachfolgend erläutere ich kurz einige Punkte, die dem besseren Verständnis dieses Buches dienen sollen.

• «Liebe ist kein Deal» richtet sich an Menschen, die wie ich das Ideal der selbstlosen Liebe anstreben. Es soll auch ein Wegweiser sein für diejenigen, die in einer Beziehung leben und sie glücklicher gestalten oder Probleme angehen möchten, ebenso wie für Singles, die im Hinblick auf eine künftige Partnerschaft einen neuen Weg suchen und die Fehler der vorangehenden nicht wiederholen wollen.

• Liebe: ein Wort mit vielen Facetten. Am einen Ende des riesigen Spektrums die *reine, wahre, selbstlose, uneigennützige, bedingungslose Liebe*, am anderen die *egoistische, egozentrische, besitzergreifende, ausbeutende «Liebe»*, die diesen Namen gar nicht verdient. Und dazwischen alles, was wir Menschen darunter verstehen und leben, was ich als →egoische Liebe bezeichne.

→ Den Begriff *egoisch* erkläre ich auf Seite 45.

• Ich verwende um der leichteren Lesbarkeit willen nur die männliche Form, etwa *Liebster* und *Partner*, wobei selbstverständlich immer beide Geschlechter gemeint sind.

• Vielleicht nicht ganz unnötig zu sagen: Alles, was ich hier über die Liebe und Beziehungen schreibe, gilt nicht nur für Paare, sondern genau so für das Verhältnis zwischen allen Liebenden, also Eltern/Kindern, Geschwistern, Freunden.

• Da ich selbst heterosexuell bin, könnte es sein, dass gewisse Aussagen auf Homosexuelle nicht (ganz) zutreffen. Ich bitte Sie, es mir nachzusehen. Denn obwohl ich mehrere homosexuelle Paare zu meinen Freunden und Bekannten zähle, maße ich mir nicht an, über ihr Gefühls- und Liebesleben, insoweit es sich vom heterosexuellen unterscheidet, restlos Bescheid zu wissen.

• Natürlich handelt es sich bei allem, außer bei zitierten Quellen, um meine persönliche Meinung, ohne dass ich es explizit erwähne. Weder besitze ich die absolute Wahrheit noch bin ich vollkommen.

• Wie es für alle meine Wegweiser-Bücher charakteristisch ist, bleibe ich nicht bei der Theorie stehen. Ein italienisches Sprichwort sagt nämlich: «Fra il dire e il fare c'è di mezzo il mare» – zwischen dem Reden und dem Handeln liegt das Meer. Es nützt uns nichts zu wissen, wenn wir nicht wissen, wie das Wissen anwenden. Allzu oft sind Bücher wohl interessant und lehrreich, doch man vermisst darin klare *praktische* Anregungen. Deshalb gebe ich stets konkrete Anleitungen, Übungsvorschläge und Tipps, wie Sie die neuen Einsichten in Ihrem Beziehungsalltag einbauen und umsetzen können. Aus Überzeugung schreibe ich nur über Erkenntnisse und Methoden, die ich selbst erfahren, gelernt, geübt, gelebt habe (oder zu leben mich bemühe).

Es ist an Ihnen zu spüren, was davon für Sie und Ihren Liebsten stimmt. Seien Sie dabei mutig, aber hören Sie immer gut auf die Stimme Ihrer Seele.

• Abschließend noch etwas zur Buchgestaltung. Sie werden am Ende des Kapitels jeweils eigenständige Seiten finden, meistens grau unterlegt. Dabei handelt es sich um detailliertere Erläuterungen zu vorangehenden Aussagen, um Exkurse oder um die Vorlagen für Ihre Arbeit. Sie stehen außerhalb des eigentlichen Textes, um dessen roten Faden und somit den Lesefluss und das Verständnis nicht zu unterbrechen. Die Anmerkungen am Seitenrand verweisen auf diese separaten Seiten.

*   *   *

In Wirklichkeit ist jede Sehnsucht nach einem Du die Sehnsucht nach dem Ich, unserem wahren Selbst.

Ermuntere ich also in diesem Buch, bedingungslos und vorbehaltlos zu lieben, das Glück des Liebsten anzustreben, die eigenen Wünsche weniger stark zu gewichten und generell mehr Selbstlosigkeit zu üben, so meine ich damit *nie, absolut nie*, Sie sollen sich selbst untreu werden, gar sich verleugnen. Die Selbstliebe steht immer über der Partnerliebe.

In diesem Sinne wünsche ich Ihnen von Herzen, dass Sie in der Liebesbeziehung sich selbst und Ihr Glück finden.

Karin Jundt

I. Am Anfang ist die wahre Liebe

In der Liebe gibt es keine zwei, du und ich sind eins.
Ich fordere und erwarte nichts von dir,
meine Liebe ist ein Geschenk.
Alles, was du sagst, alles, was du tust,
trifft bei mir auf ein liebendes Herz.
Über alles, was dich glücklich macht,
freue ich mich mit dir.
Bist du glücklich, bin ich es auch.
Wie wertlos wäre doch meine Liebe,
strebte ich nicht einzig dein Glück an.

So selbstlos möchten wir geliebt werden. So selbstlos können wir lieben. Es ist diese wahre, reine Liebe, die unser Herz begehrt und es beglückt.

Zu solcher Liebe sind wir tatsächlich fähig – das beweist uns der Augenblick, in dem die Liebe entspringt. Die erste Berührung der Liebe ist nämlich noch rein: Wir lieben, weil wir lieben, nicht weil wir etwas dafür bekommen, wir sind glücklich allein darüber, unsere Liebe zu fühlen, wir *sind* Liebe, mit ihrer Selbstlosigkeit und Selbstvergessenheit, Hingabe, Freigebigkeit und Geduld, ihrem Mitgefühl und Edelmut. In reiner Liebe sehen wir nur das Schöne und das Gute.

Diese reine Liebe ist eine Kraft, die Berge versetzt, das Beste in uns fördert, uns unsere Grenzen vergessen macht, die Angst ausblendet, uns über unseren Schatten springen lässt. Dank ihr können wir über uns selbst hinauswachsen und uns innerlich entwickeln

Warum aber wird aus dieser reinen und wahren Liebe nach einer Weile oft ein Kampf um Erfüllung unserer Erwartungen und Forderungen, eine Auseinandersetzung voller Unverständnis und Missverständnisse? Die schlichte Antwort lautet: Weil es der menschlichen Natur entspricht.

II. Von der reinen Liebe zum Deal

Wir sind zu reiner, wahrer Liebe fähig. Erinnern wir uns doch daran, wie es ganz am Anfang unserer Beziehung war oder sogar bevor sie richtig begann. Die Schmetterlinge im Bauch, die Wärme im Herzen, die tiefe Freude beim Anblick des Geliebten und bei seiner Berührung, das beglückende Gefühl der Verbundenheit... Die Liebe genügte sich selbst, sie brauchte nichts, verlangte nichts – der Liebende, die Liebe und der Geliebte waren eins.

Der erste Schritt in eine fatale Entwicklung erfolgt in dem Moment, in dem ich vom Geliebten wiedergeliebt werden will, wenn ich auf mein «Ich liebe dich» als Antwort «Ich dich auch» zu hören erwarte. Von da an genügt mir die reine Liebe nicht mehr: Ich projiziere sie auf das Objekt meiner Liebe, um sie darin gespiegelt zu sehen – aus der Einheit wird eine Zweiheit.

→ Seihe «Das Bedürfnis nach Liebe», Seite 22.

Was ist denn falsch am →Wunsch, wiedergeliebt zu werden? Einiges – denn hier beginnt bereits der Deal. Wir geben, um zu bekommen. Und früher oder später werden wir die Zuwendung, die wir geben, proportional zur Zuwendung, die wir zu bekommen meinen, dosieren. Wie sonst ließe sich erklären, dass wir Liebe, dieses absolute, unteilbare Gut gewichten, jemanden *mehr* oder *weniger* lieben? Wie könnte Liebe sich verändern, gar gänzlich erlöschen? Wie wäre es je möglich zu sagen: «Du liebst mich *nicht genug*» oder «Ich liebe dich *nicht mehr*»?

→ Siehe «Tit for tat oder: Wie du mir, so ich dir», Seite 20.

Schon als Kind lernen wir, dass wenn wir etwas bekommen wollen, wir etwas dafür geben müssen. Dieses Prinzip der Gegenseitigkeit und Kooperation funktioniert im Alltag recht gut. Neben den stillschweigenden →Tit-for-tat-Deals schließen wir auch eigentliche Verträge ab. Es sind mündliche oder schriftliche Verträge, Kaufverträge, Mietverträge, Arbeitsverträge, Dienstleistungsverträge. Unser Leben ist geprägt von vertraglichen Beziehungen, zwischen den Vertragspartnern abgesprochen und festgehalten, wobei Leistung und Gegenleistung offenkundig sind oder ausgehandelt werden.

Ich sehe ein Brot beim Bäcker und bekomme es, falls ich den geforderten Preis dafür bezahle. Das ist die simpelste Form eines Vertrags. Ähnlich verhält es sich mit der Wohnung, der Arbeitsstelle, der Ferienreise. Erhalte ich auch nicht immer exakt das, was der Schein verspricht und ich mir erhoffe, funktionieren diese einfachen Deals in den meisten Fällen doch ziemlich problemlos. Sie sind mir und dem Vertragspartner als solche bekannt und beruhen auf dem Prinzip von Geben und Nehmen.

Auch wenn ich joggen gehe, schließe ich einen Deal ab: Ich will dafür Fitness und Gesundheit, zumindest die Ausschüttung von Glückshormonen. Brüte ich über einer Denksportaufgabe, besteht die Gegenleistung in meiner Befriedigung, ein kniffliges Rätsel gelöst zu haben. Erledige ich meine Arbeit gut, erwarte ich die Anerkennung des Vorgesetzten. Helfe ich jemandem, werde ich mit einem guten Gefühl und Dankbarkeit belohnt.

Dieses im Alltag vorherrschende Dealdenken bringen wir ebenfalls in die Liebesbeziehung ein: Ich gebe einem bestimmten Menschen meine Liebe und dafür will ich seine bekommen. Juristisch gesprochen ist die Liebe hier der Vertragsgegenstand, der oft allgemein formuliert ist, während die detaillierten Leistungen und Gegenleistungen dann gesondert definiert werden.

Beim Liebesdeal könnte der Vertragsgegenstand «Liebe» – ein bisschen ausführlicher formuliert – in etwa wie folgt lauten: Die beiden Partner lieben sich gegenseitig, teilen die schönen und die schweren Momente des Lebens miteinander und machen einander glücklich; sie beziehen den Partner in ihr Fühlen, Denken und Handeln jeweils mit ein, lassen ihm Fürsorge angedeihen, stützen ihn und können sich auf ihn verlassen.

So schön und erstrebenswert es sich anhört, es handelt sich um einen Deal, nicht mehr um *reine und bedingungslose* Liebe, und der Vertragsgegenstand ist bei weitem nicht so klar und unmissverständlich, wie er sich auf den ersten Blick darstellen mag. Vielmehr liegen ihm die Eigenart und die Unvollkommenheit der menschlichen Natur zugrunde, wie wir in den folgenden Kapiteln sehen werden.

Tit for tat oder: Wie du mir, so ich dir

Kooperatives Verhalten ist nicht anerzogen, sondern angeboren, sagt die Forschung. Denn Kleinkinder helfen anderen, ohne dass man sie dazu anhält. So gibt schon ein einjähriges Kind von seinem Essen ab, oft sogar Fremden; und es liebt es generell, zu schenken, zu trösten und Dinge gemeinsam mit anderen zu tun. Dies ist jedoch weniger selbstlos, als es den Anschein macht: Wenn wir jemandem helfen, werden im Gehirn nämlich Regionen aktiviert, die Belohnungen verarbeiten – wir fühlen uns also glücklich.

Die Psychologen fanden heraus, dass Kinder etwa ab dem Alter von drei Jahren zu unterscheiden beginnen zwischen denjenigen, die etwas zurückgeben, und denjenigen, die nur nehmen. Von da an bevorzugen sie erstere – sie haben das Prinzip der Gegenseitigkeit erfasst.

Es gibt allerdings einige Redewendungen, die der These widersprechen möchten, es sei vorteilhafter, *mit*einander statt *gegen*einander zu arbeiten, etwa: «Nur der Stärkere überlebt», «Der Ehrliche ist der Dumme», «Man muss seine Ellbogen gebrauchen, will man weiterkommen». Und die Realität unserer Welt mit all dem offensichtlichen Egoismus, Betrug, verbissenen Konkurrenz- und Machtkampf könnte uns dazu verleiten, diesen Aussagen recht zu geben. Dennoch sehen wir auch viel Kooperation und gegenseitige Unterstützung. Was bringt uns also wirklich weiter? Oder anders gefragt: Wie können wir entgegenkommend sein, ohne dabei ausgenutzt zu werden? Diese Frage beantwortete der Politikwissenschaftler Robert Axelrod.

Er ging vom bekannten «Gefangenendilemma» aus, das in einer Denkfabrik (RAND Corporation) erfunden wurde, die in den USA nach dem 2. Weltkrieg zur Beratung der Streitkräfte gegründet worden war. Dabei geht es um zwei Gefangene, die zusammen ein Verbrechen begangen haben sollen. Sie werden getrennt verhört und haben keine Chance, sich vorher abzusprechen. Es gibt nun drei Möglichkeiten:

• Leugnen beide, so bekommen beide nur eine geringe Strafe, da ihnen nur ein kleineres Verbrechen nachgewiesen werden kann.
• Gestehen beide, erhalten beide eine höhere Strafe, jedoch wegen des Geständnisses nicht die Höchststrafe.
• Gesteht hingegen nur einer von ihnen, dann geht er als Kronzeuge straffrei aus, der andere wird aber als nicht Geständiger zur Höchststrafe verurteilt.

Das Dilemma liegt darin, dass sich jeder der beiden entweder für die Kooperation oder für den Verrat entscheiden muss – *ohne zu wissen, was der andere tut.*

→Axelrod entwickelte eine Lösung dieses spieltheoretischen Dilemmas für *wiederholte* Spiele, was der Lebensrealität eher entspricht: Wir fällen ja meistens nicht Entscheidungen einen Menschen betreffend, mit dem wir nie wieder zu tun haben werden. Vielmehr beeinflusst unser Verhalten in einer bestimmten Situation das Verhalten dieses Menschen in unseren kommenden Begegnungen und sein Verhalten dann wiederum unseres in der Zukunft und so fort. Bei seinem Spiel geht Axelrod also davon aus, dass zwei Spieler sich immer wieder begegnen und nicht wissen, wann es zum letzten Mal geschehen wird. Der Spieler hat grundsätzlich zwei Möglichkeiten:

→ Robert Axelrod: «The Evolution of Cooperation».

• Aus einem kurzsichtigen Blickwinkel scheint es vorteilhafter, wenn er für sich das Maximum herauszuholen und den Gegner über den Tisch zu ziehen versucht. Doch es ist ihm bewusst, dass das im nächsten Spiel auf ihn zurückfällt: Der Gegner wird ihn für sein Verhalten bestrafen, indem er ihn zu überlisten trachtet.

• Kooperiert der Spieler hingegen, so ist der andere in Wirklichkeit kein Gegner, sondern ein Partner, und wird ihm in Zukunft vermutlich in der gleichen Weise begegnen.

Welche Strategie besser ist, kann ein Spieler im Voraus nicht beurteilen, da sie von der Strategie des Gegners abhängt, die er ja nicht kennt. In Axelrods Spiel stellte sich heraus, dass gesamthaft derjenige Spieler die meisten Punkte erzielte, der in der ersten Runde kooperierte und sich in den weiteren Spielrunden immer exakt so verhielt, wie der Gegner/Partner in der Runde davor. Er belohnte also die Kooperation und bestrafte den Verrat; das hinderte den anderen daran, ihn auszunutzen. Diese Strategie nennt sich Tit for tat – Wie du mir, so ich dir. Übers Ganze betrachtet, holte jeder Spieler beim ersten Zusammentreffen wahrscheinlich etwas weniger als das Maximum heraus, machte dies jedoch mehr als wett, indem er in zahlreichen künftigen Spielen ebenfalls etwas herausholte anstatt nichts. Man kann also sagen: Wer partnerschaftlich handelt, gewinnt zwar keine Schlacht, aber in der Summe den Krieg.

Diese Strategie funktioniert in der Arbeitswelt und anderen sozialen Gruppen offenbar recht gut, jedoch nicht in der Liebesbeziehung. Im Gegenteil: Die Anwendung des Prinzips von Belohnung und Strafe provoziert Machtkampfspiralen und Konflikte. Aber anders als in Axelrods Spiel gibt es im richtigen Leben neben Kooperation und Krieg noch eine dritte Möglichkeit, nämlich sich vom «Spiel» zurückzuziehen. Das ist die Wahl, die wir in einer Liebesbeziehung treffen sollten, falls der Partner nur auf sein eigenes Wohl achtet – und nicht etwa den Krieg.

Das Bedürfnis nach Liebe

Ist es denn nicht legitim, geliebt werden zu wollen? Jeder Mensch braucht doch Liebe, es ist ein Grundbedürfnis. Tatsächlich sind wir als soziale Wesen auf Zugehörigkeit und menschliche Nähe angewiesen. Aber: Liebe können wir weder kaufen noch erzwingen. Was also, falls wir sie nicht bekommen? Dazu einige Denkanstöße.

→ Auf die Selbst-
liebe gehe ich
in Kapitel XI,
Seite 119 ff. ein.

• Wichtiger als alle Liebe, die von außen kommt, ist die Liebe, die wir uns selbst schenken. Die →Selbstliebe, die auf unserer Eigenwertschätzung beruht, und die Geborgenheit in uns selbst, eng zusammenhängend mit unserem Urvertrauen, sind die tragenden Elemente eines selbstbestimmten, zufriedenen Lebens. Fehlen sie, können wir keine wahre Liebe geben – sie wird immer von Abhängigkeit geprägt sein. Und alle Liebe, die wir bekommen, sei sie noch so rein, wird uns nicht genügen, wenn wir uns nicht selbst lieben.

• Existiert auch kein Recht, Liebe zu bekommen, so haben wir jedoch immer das Recht zu lieben, das kann uns niemand verwehren. Man sagt ja so schön: «Liebe *schenken*». Und für ein Geschenk erwartet man keine Gegenleistung. Wir können viel Freude, Glück und Bereicherung beziehen aus der Liebe, die wir geben, selbst wenn sie nicht erwidert wird.

• Liebe ist ein unendliches, unerschöpfliches Gut. Wir können sie verschenken, verschenken, verschenken, ohne dass bei uns ein «Loch» entsteht, das mit Liebe von außen gefüllt werden müsste.

• Für Liebe, die wir mit einer Absicht, einer Erwartung oder gar Forderung verknüpfen, erhalten wir nichts Reines zurück.

• Wir sollten ferner bedenken, dass Liebe nicht unbedingt direkt gegenseitig sein muss: Ich liebe jemanden, der einen anderen und nicht mich liebt, während mein Bedürfnis nach Liebe von einem Dritten und Vierten gestillt wird, die ich vielleicht nicht liebe... Wie in einem Netzwerk.

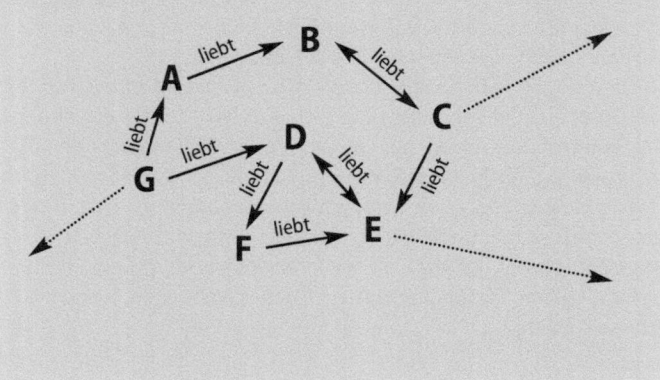

III. Leistung, Gegenleistung und das Kleingedruckte

Damit ein Vertrag von beiden Partnern als fair und lohnend empfunden wird, müssen Leistung und Gegenleistung einander in etwa die Waage halten. Ein Brot, das wir kaufen, ist mit einem Preis beschildert und erfüllt innerhalb einer begrenzten Bandbreite bestimmte Qualitätsstandards. Aufgrund unserer Erfahrung und mittels Vergleichen mit ähnlichen Angeboten beurteilen wir, ob das Preis-/Leistungsverhältnis stimmt. Ferner ist es möglich, nur einen Teil des Brotlaibs für einen geringeren Preis zu kaufen, auf einem arabischen Markt sogar darum zu feilschen.

Der Liebesdeal kann so aber nicht funktionieren. Denn bei der wahren Liebe handelt es sich um ein absolutes, unermessliches, unteilbares Gut. Wie es beispielsweise nur eine – *die* – Ehrlichkeit gibt, gibt es nur eine – *die* – Liebe: Entweder sind wir ehrlich oder wir sind es nicht, entweder lieben wir oder wir lieben nicht, ein *bisschen ehrlich* oder *schön ehrlich* ist ebenso ein Widerspruch in sich wie ein *bisschen lieben* oder *gut lieben*. Dennoch messen wir die Quantität an Liebe, die wir jeweils geben und bekommen, und bewerten deren Qualität. Davon zeugen Aussagen wie «Du liebst mich nicht wirklich», «Du liebst mich nicht so wie früher» und «Ich liebe dich mehr, als du mich liebst».

Offenbar ist für uns Liebe nicht gleich Liebe. Aber wie bewerten und beziffern wir sie denn überhaupt? Da Liebe abstrakt ist, beurteilen wir sie aufgrund von Eigenschaften, die wir mit ihr in Verbindung bringen, wie Zärtlichkeit, Zuwendung, Treue, Ehrlichkeit, Respekt, Zuverlässigkeit, Verantwortungsbewusstsein, Gesprächs- und Kompromissbereitschaft und viele mehr.

Das Vorhandensein oder Fehlen dieser ebenfalls abstrakten Eigenschaften beurteilen wir wiederum anhand konkreter Verhaltens- und Handlungsweisen. Allerdings sind letztere im Hauptvertragstext unseres Deals nicht explizit erwähnt; vielmehr verbannen wir sie beim Eingehen der Beziehung in die üblicherweise auf der Rückseite eines Vertrags aufgeführten umfangreichen Allgemeinen Bedingungen – das «Kleingedruckte», das wir meistens nicht lesen in der Annahme, es werde dann schon in Ordnung sein.

Beim Kleingedruckten geht es weniger um fundamentale Werte an sich. Vielmehr enthält es hauptsächlich Details, vorwiegend solche, die direkt mit der Liebesbeziehung zu tun haben. Es weist aber auch Bedingungen auf, die der Mensch an unserer Seite erfüllen soll, obwohl sie nur ihn betreffen und uns folglich nichts angehen. Darin steht beispielsweise, der Partner soll (die folgende Aufzählung ist bezüglich Inhalt und Reihenfolge rein willkürlich und keinesfalls abschließend!):

- seine freie Zeit mit mir verbringen;
- nicht so viel essen/trinken;
- weniger Geld ausgeben für Kleider/Hobbys/Sport/...;
- mit mir zusammen das unternehmen, was *ich* möchte, nicht immer nur, was *ihm* Spaß macht;
- ein vernünftiges Buch/die Tageszeitung lesen, anstatt nur im Internet surfen;
- dafür sorgen, dass stets ein frisches Hemd im Schrank ist;
- sich dafür interessieren, was ich im Berufsalltag erlebe;
- sich nicht so altmodisch/schrill/billig/unsexy/... kleiden;
- aufhören, über seine Wehwehchen zu jammern;
- mir von Zeit zu Zeit Blumen bringen;
- mir mehr Sex/Streicheleinheiten/Aufmerksamkeit/Komplimente/... zuteilwerden lassen;
- Eifersucht/Nörgelei/Perfektionismus/Wut/... in den Griff bekommen;
- nicht so rücksichtslos/unkonzentriert/übervorsichtig/... Auto fahren;
- sich um Kinder/Haushalt/Garten/... kümmern;
- nicht so oft herumtratschen/zum Stammtisch gehen/...;
- weniger darauf hören, was andere sagen;
- nicht mit den Freunden verkehren, die einen schlechten Einfluss auf ihn haben;
- meinen Geburtstag nicht vergessen;
- stets wissen, also in meinen Augen ablesen, was ich denke, wünsche, brauche;
- vor anderen Menschen mir nicht widersprechen/mich nicht berichtigen/mich nicht bloßstellen/...;
- ...

Wie bei den gewöhnlichen Verträgen ist es auch beim Liebesdeal das Kleingedruckte, das Schwierigkeiten und Streit verursacht. Dessen Bedingungen offenbaren sich nämlich erst später, nach und nach, und gewinnen dann an Gewicht. Und es sind Bedingungen, ich erinnere daran, die beim Eingehen der Beziehung gar nicht besprochen worden waren.

Doch selbst wenn die Vertragspartner das Kleingedruckte ihrer Vertragskopie anfänglich «gelesen» hätten, würde es ihnen nichts nützen. Der Liebesdeal weist nämlich ein weiteres Problem auf, durch das ein Vertrag in juristischem Sinn sogar ungültig wäre: Auf den beiden Vertragskopien steht nicht das *gleiche* Kleingedruckte und es wurde nach dem Abschluss erst noch individuell ergänzt und verändert! Um den Vertrag in eine einzige Fassung zu bringen, bei der Leistung und Gegenleistung beiden Partnern bekannt sind und von beiden als ausgewogen empfunden werden, müssten die zwei unterschiedlichen Allgemeinen Bedingungen zu einer zusammengefasst, in beide Vertragskopien eingebaut und von beiden Partnern zuerst einmal sorgfältig gelesen und dann akzeptiert werden.

Doch für eine solche Einigung steht die Frage der Bewertung im Vordergrund. Problemlos vergleichbar ist das, was der eine gibt, mit dem, was er bekommt, nur beim exakten Eins-zu-eins-Tausch und falls beiden Partnern die gleiche Leistung gleich viel Wert ist: Heute koche ich, morgen du; heute schenke ich dir Blumen, morgen schenkst du mir Blumen; heute lasse ich dich am Abend allein, um mit meinen Freunden auszugehen, und du passt auf die Kinder auf, morgen machen wir es umgekehrt. Aber was, wenn mein Partner gar nicht kochen kann, dafür bei der Gartenarbeit, die mir nicht liegt, einen grünen Daumen hat? Was, wenn sein Abend mit den Freunden bis zwei Uhr nachts dauert und er betrunken zurückkehrt, während ich schon um elf und nüchtern wieder zu Hause bin?

Im Beziehungsalltag ist es nicht sinnvoll, ja unmöglich, Gleiches mit Gleichem zu vergelten; vielmehr erfolgt ein Tauschhandel mit unterschiedlichen Gütern. Dabei treten dieselben zwei augenscheinlichen Schwierigkeiten auf, wie wenn sich früher zwei Bauern darüber einig werden mussten, wie viele Brote ein Huhn aufwiegen. Der Getreidebauer bewertet seine Laibe hoch, er hat im Schweiße seines Angesichts die Ähren geschnitten, gedroschen, die Körner gemahlen und Brote gebacken; in Hühnern sieht er hingegen leicht zu haltende Tiere, die keinen besonderen Aufwand erfordern. Für den Geflügelbauern sind die Hühner aber ungemein wertvoll, er hat die Küken schlüpfen sehen und großgezogen, während er zu Feldfrüchten keine Beziehung hat. Die beiden haben also *unterschiedliche Wertesysteme*. Schaffen sie es schließlich trotzdem, sich darauf zu einigen, dass ein Huhn fünf Brotlaiben entspricht, besteht dennoch weiterhin das Problem der *unteilbaren Menge*: Hat der Geflügelbauer nur für drei Brote Verwendung, wie viel Huhn und welche Teile muss er dann dafür abgeben? Und will er das Tier überhaupt schlachten, wenn er den Rest nicht an den Mann bringen kann?

Beim Warenverkehr bekam man diese Schwierigkeiten bald in den Griff: Die Einführung von Tauscheinheiten wie Muscheln, Gold oder Geld vereinfachte den Handel enorm, wobei das Angebot und die Nachfrage den Wert der Güter bestimmten und kleinere Mengen auf dem Markt an verschiedene Kunden verkauft wurden.

Die einzelnen Leistungen eines Liebesdeals können wir jedoch nicht auf einem Markt feilbieten, das Prinzip von Angebot und Nachfrage spielt nicht und es existiert kein «Marktpreis», der innerhalb einer kleinen Spanne allgemein akzeptiert wird. Die Bewertung ist immer äußerst subjektiv: Mir bedeutet es viel, Blumen von meinem Liebsten zu bekommen, er weiß Geschenke nicht gebührend zu schätzen; für ihn ist es wichtig, zum Feierabendbier mit Kollegen zu gehen, für mich zählt nur die Zeit, die wir zusammen verbringen; er legt großen Wert auf Pünktlichkeit, mir macht es nichts aus, kommt er zu spät.

Soll der Liebesdeal aber von beiden Partnern als gerecht empfunden werden und dadurch überhaupt eine Chance auf gegenseitige Einhaltung haben, müssen sie zuerst die beiden unterschiedlichen Wertesysteme auf einen gemeinsamen Nenner bringen. Diese lassen sich jedoch nicht so leicht umwandeln wie Euro in Schweizer Franken, ein offizieller Umrechnungskurs fehlt: Wie oft muss der Liebste mir Blumen schenken, damit ich über seine Stammtisch-

abende hinwegsehe? Und womit könnte ich ihm entgegenkommen, gibt er mir zuliebe das Rauchen auf? Wie viel
wiegen seine Beleidigungen gemessen an meinen Nörge-
leien? Und wie manche unbegründete Eifersuchtsszene
darf er sich erlauben, um mit meinem aufbrausenden und
launischen Temperament gleichzuziehen?

Ein Ding der Unmöglichkeit, die unterschiedlichen Leistungen und zu erduldenden Unzulänglichkeiten zu vergleichen und zu bewerten. Zumal die Verhandelnden es nicht
leicht haben, dem Gegenüber ihre jeweilige Bewertungs-
skala mitzuteilen – in etwa so, um beim Beispiel der beiden
Bauern zu bleiben, als wäre der eine taubstumm und der
andere blind. Wie könnten sie sich je über den Tauschwert
von Huhn und Brot einigen, wenn der eine nicht sieht, was
er bekommt, und der andere weder sagen kann, was er
dafür will, noch hört, was ihm angeboten wird?

Vielleicht lächeln Sie jetzt über diesen scheinbar absur-
den Vergleich. Aber so abwegig ist er nicht. Das →Kommu-
nikationsproblem zwischen Liebenden kann man tatsächlich auf eine bestimmte Art Blindheit, Taubheit und Stumm-
sein zurückführen. Zum einen ist unsere Wahrnehmung
nämlich äußerst selektiv: Wir sehen und hören, was wir
sehen und hören *wollen* und zu sehen und hören *gelernt
haben.* Selbst wenn wir in der Lage wären, dem Partner
unsere Werte rational mitzuteilen – was nicht der Fall ist,
wie ich im nächsten Absatz darlege –, verstünde er nicht
unbedingt das, was wir aussagen wollen, sondern das, was
dem in seinem eigenen Wertesystem bereits Vorhandenen
entspricht oder nahekommt.

→ Siehe «Zwi-
schenmenschliche
Kommunikation»,
Seite 32 f.;
vergleiche auch
Seite 35.

Das andere Übel ist tatsächlich, dass wir die eigenen
Werte nicht richtig kennen, wie könnten wir sie also ver-
nünftig kommunizieren? Manche sind nämlich im Unbewussten verborgen. Weil wir sie nie reflektiert und freiwillig angenommen haben, sind wir nicht in der Lage, sie verständlich und nachvollziehbar zu vermitteln und zu begründen; oft passen sie auch ganz und gar nicht zu unserer
Wesensart und wirken deshalb auf den Partner als Schi-
kane, Druckmittel oder Willkür.

Viele unserer (Vor-)Urteile, was schön und was hässlich,
was gut und was schlecht ist, wurden nämlich in uns einge-

pflanzt, als wir Kinder waren; wir wurden gewissermaßen auf ein bestimmtes Wertesystem programmiert. Zum einen, indem wir beobachteten, wie die Menschen, die wir liebten und die uns deshalb als Vorbild und Maßstab dienten, sich verhielten. Wandte sich die Mutter beispielsweise angewidert von einem Obdachlosen ab oder äußerte sie sich abschätzig über die unordentliche Wohnung einer Bekannten, nahmen wir diese Wertung auf und verurteilen nun selbst Menschen, die in Armut leben oder ungepflegt wirken, und finden keine Ruhe, bis wir das letzte Staubkorn von den Möbeln gewischt haben, provozieren jedes Mal einen Streit, wenn der Partner mit schmutzigen Schuhen über den Flur stapft oder die Jacke auf den Stuhl wirft, anstatt sie an der Garderobe aufzuhängen. Ganz zu schweigen vom Vorbild- oder Abschreckungseffekt, der die Art und Weise, wie unsere Eltern ihre eigene Beziehung lebten, auf uns ausübte.

Zum andern programmierte man uns durch Zuckerbrot und Peitsche. Unsere Erzieher sprachen →Gebote und Verbote aus und erzwangen deren Einhaltung durch Belohnung und Strafe. Wir lernten schnell, was uns Vorteile verschaffte; solche Verhaltensweisen wendeten wir immer wieder an und sie wurden in unserem Unbewussten gespeichert. Stärker noch nahmen wir wahr, was sich für uns nachteilig auswirkte, und wir entwickelten Vermeidungs- und Umgehungsstrategien, die sich uns einprägten.

Als kleine Kinder hatten wir nicht die Möglichkeit, diese uns auferlegten Verhaltensweisen zu →hinterfragen und gegebenenfalls zu verwerfen; wir nahmen sie einfach in uns auf. Je konstanter und eindringlicher sie uns eingebläut wurden, umso hartnäckiger setzten sie sich in unserem Unbewussten als Verhaltensmuster fest und umso tiefer sanken sie in Schichten, die nicht so leicht wieder ins Bewusstsein zurückfinden. Aus dieser unbewussten Ebene handeln wir heute noch, aus der gleichen unbewussten Ebene bewerten wir die Eigenschaften und Verhaltensweisen anderer und befinden sie dann für gut oder schlecht, für akzeptabel oder inakzeptabel.

Dabei bedenken wir nicht, dass der Partner ebenfalls aus seinem Unbewussten handelt. Wir fordern von ihm manchmal Dinge, die er aufgrund seines programmierten Werte-

→ Siehe «Eingravierte Gebot und Verbote», Seite 30.

→ Siehe «Selbstveränderung», Seite 31.

und Verhaltenssystems einfach nicht leisten kann! Wie sollte jemand, der in einem Umfeld aufgewachsen ist, in dem Gefühlsäußerungen verpönt waren, ja gar ins Lächerliche gezogen oder bestraft wurden, spontan seine Gefühle zeigen oder über sie reden können? Jemand, der prüde und lustfeindlich erzogen wurde, sich freizügigeren Sexualpraktiken hingeben?

Manche Verhaltensweise des Liebsten, die aus seinem Unbewussten stammt und folglich nichts mit uns, sondern einzig mit ihm zu tun hat, missdeuten wir als Indikator für das Ausmaß seiner Liebe. Nur zwei banale aus unzähligen möglichen Beispielen.

• Die Frau, die als Kind zu strengster Ordnung erzogen wurde («Was denken die Nachbarn, wenn sie unsere Wohnung so sehen?»), ermahnt ihren Partner wiederholt, seine gebrauchten Kleider jeweils sofort in den Wäschekorb zu legen. Er denkt: «Wenn sie mich wirklich liebte, würde sie daraus nicht immer gleich ein Drama machen!» Und sie denkt: «Wenn er mich wirklich liebte, müsste er seine Unordentlichkeit doch in den Griff bekommen.»

• Der Mann, der als Kind Lob und Wertschätzung seitens seines Vaters nur erfuhr, wenn er sportliche Höchstleistungen erbrachte, geht pro Woche fünfmal joggen und dreimal zum Fußballtraining. Seine Partnerin denkt: «Wenn er mich liebte, möchte er doch mehr Zeit mit mir verbringen!» Und er versteht nicht, warum sie ihn für den bestandenen Marathon und die zwei Tore im Match nicht lobt und liebt.

* * *

Langer Rede kurzer Sinn: Wir versuchen, die Liebe, dieses unermessliche, reine, wahre Gefühl, an kleinen, scheinbar messbaren Äußerlichkeiten festzumachen und begründen darauf einen Deal. Mit einem Vertrag, der den beiden Beteiligten überhaupt nicht bewusst ist, dessen Bedingungen sie selbst nicht genau kennen und einander nicht deutlich und verständlich mitteilen können und den sie auf Dauer unmöglich zu erfüllen in der Lage sind. Und dann wundern sie sich, dass die Paarbeziehung nach und nach kompliziert bis unerträglich wird und die Liebe erlischt.

Eingravierte Gebote und Verbote

Die Kriterien, nach denen wir andere Menschen und uns selbst beurteilen, stammen zu einem nicht unerheblichen Teil aus unserer Kindheit und Jugend und sind in unserem Unbewussten verankert. Die Menschen, denen wir vertrauten und die uns als Vorbilder dienten – Eltern, Lehrer und andere Bezugspersonen –, gaben uns durch ihre Belehrungen und ihr Verhalten zu verstehen, was sie selbst für wertvoll hielten, beispielsweise Ehrgeiz, Intelligenz, respektvolles Verhalten, Mut, Schönheit, Reinlichkeit, «angesehene Berufe»; und was sie für besonders verwerflich, also wertlos, hielten, etwa sexuelle Freizügigkeit, fehlende Bescheidenheit, Zeitverschwendung, Unpünktlichkeit, Müßiggang, künstlerische oder «niedrige Berufe».

Unsere Erziehung in Bezug auf das Wertesystem war ferner geprägt von Glaubenssätzen wie: Das darf man nicht! Das macht man nicht! Das gehört sich so! Ein Junge weint nicht. Nur Schwächlinge geben auf. Wer dich einmal belügt, tut es immer wieder. Und und und.

Wir müssen uns jedoch klarmachen, dass die Gebote und Verbote unserer Erzieher *nicht ausschließlich richtig* sind. Weder entsprechen sie der absoluten Wahrheit, denn diese Erzieher waren nicht unfehlbar und trugen zudem selbst viele Muster aus ihrer eigenen Kindheit in sich, die sie uns unbewusst weitergaben. Noch sind sie zwangsläufig für unser Naturell geeignet: Jeder Mensch ist ein einzigartiges Wesen mit einzigartigen Anlagen und Neigungen und einer einzigartigen Lebensaufgabe. Indem man uns Vorgaben und Vorschriften einpflanzte, unterdrückte man teilweise unsere natürliche Veranlagung. Diese drängt seither danach, sich zu offenbaren und zu entfalten, was zu inneren und äußeren Konflikten führen kann, weil wir, anstatt unsere wahre Wesensart zu leben, auferlegten Mustern und Werten gehorchen – auch bei der Beurteilung des Liebsten und bei unserem Verhalten ihm gegenüber. Deshalb sollten wir, falls wir uns an Eigenschaften und Handlungen des Partners stoßen, uns jeweils fragen, warum wir so empfinden, und prüfen, ob sie *tatsächlich uns selbst* missfallen oder etwa nur gegen von der Mutter/dem Vater/… in uns eingemeißelte «Gesetze» verstoßen.

Selbstveränderung

Der Mensch ist, im Gegensatz zum instinktgesteuerten Tier, in der Lage, sich selbst bewusst zu verändern, sofern er es will. Und er sollte sich darum bemühen, sobald er Eigenschaften und Verhaltensweisen an sich erkennt, die er für verbesserungsbedürftig hält. Die Aussage «Ich bin eben so» oder «Ich kann nicht anders» ist in der Regel eine bequeme Ausrede. Doch es gilt, dabei zwei Punkte zu beachten:

• Der erste lautet: Wir können keinen anderen Menschen dazu zwingen, sich zu ändern. Nur uns selbst. Gerade in Paarbeziehungen ist es leider ein häufiges Phänomen, den Partner an die eigenen Wünsche und Bedürfnisse anpassen zu wollen. So ermahnen, tadeln, bedrängen, erpressen wir ihn oder schließen einen Deal mit ihm ab. Das ist vergebliche Mühe. Eine Veränderung findet nur und erst dann statt, wenn der Betroffene zur Einsicht von deren Notwendigkeit / Nützlichkeit gelangt ist und es selbst will. Aller Druck von außen ist kontraproduktiv, oft erzeugt er lediglich einen Gegendruck oder eine Trotzreaktion.

Deshalb sollten wir uns darauf beschränken, den Partner liebevoll und konstruktiv auf Verhaltensweisen aufmerksam zu machen, die sich aus unserer Sicht nachteilig auf ihn und/oder die Paarbeziehung auswirken. Aber damit ist alles getan, was wir tun können. Es ist allemal besser, wenn wir die Energie, die wir in unsere hoffnungslosen Veränderungsstrategien stecken möchten, dafür einsetzen, an uns selbst zu arbeiten, um dem Liebsten gegenüber duldsamer, nachsichtiger, verständnisvoller, gleichmütiger zu werden. Ganz nach der bekannten Weisheit: *Ich verändere, was ich verändern kann; ich akzeptiere mit Gelassenheit, was ich nicht verändern kann; und ich bemühe mich aufrichtig darum, das eine vom anderen zu unterscheiden.*

• Ferner bedürfen wir der Einsicht, dass keine Veränderung einfach willentlich und über Nacht stattfindet, besonders dann nicht, wenn es sich um alte Verhaltensmuster oder Überzeugungen handelt. Es ist immer harte Arbeit an sich selbst, die zuweilen recht lange dauern kann – und ich meine damit Monate, gar Jahre. Wir müssen also viel Geduld aufbringen und den Partner noch eine ganze Weile mit seinem «Makel» akzeptieren. Ebenso nachsichtig müssen wir übrigens mit uns selbst sein bei unseren eigenen Veränderungsbemühungen.

Wahre Liebe schafft das! Sieht wahre Liebe überhaupt einen Makel?

Zwischenmenschliche Kommunikation

Es gibt verschiedene Modelle über die Art und Weise, wie die Kommunikation zwischen Menschen funktioniert. Ich erläutere hier nur kurz bildlich und vereinfacht anhand eines Beispiels ein elementares →Modell, um aufzuzeigen, wie Konflikte in einer Paarbeziehung unter anderem durch reine Kommunikationsprobleme entstehen können, namentlich durch Missverständnisse und das Aneinandervorbeireden; dessen sollten wir uns stets bewusst sein.

→ Das vorgestellte Modell basiert auf dem bekannten Sender-Empfänger-Modell von Shannon und Weaver.

Jede Botschaft, die wir aussenden, «codieren» wir aufgrund *unserer* unbewussten Programmierung, bisherigen Lebenserfahrung und -geschichte. Diese codierte Botschaft «decodiert» der empfangende Gesprächspartner aufgrund *seiner* unbewussten Programmierung, bisherigen Lebenserfahrung und -geschichte. Dass die beiden Codes kaum je identisch sind, liegt auf der Hand.

Partner A (Sender)	*Codierung*	Botschaft (Worte, Mimik, Intonation, Kontext, …) «**Du kommst spät.**»	*Decodierung*	Partner B (Empfänger)

Was Partner A sagen will:
«Du Armer, dein tyrannischer Vorgesetzter hat dir wohl wieder Überstunden aufgebrummt.»

Was Partner B versteht:
«Ich warte mit dem Essen schon eine Ewigkeit auf dich, du kommst wieder einmal zu spät.»

Gesendete Mimik:
mitfühlender, verständnisvoller Blick

Empfangene Mimik:
vorwurfsvoller Blick

Gesendete Intonation:
gestresst

Empfangene Intonation:
verärgert

Ein einfaches Mittel, um Missverständnissen vorzubeugen, ist nachzufragen: «Wie meinst du das?» Bloß tun wir das meistens nicht, da wir ja in der Regel – gerade bei scheinbar klaren Aussagen – nicht daran zweifeln, sie richtig zu verstehen. Doch wie gesagt, unsere Programmierung, Lebenserfahrung und -geschichte zwingen uns die Interpretation auf und wir verschwenden keinen Gedanken daran, dass diese Elemente beim Sender ganz andere sind und ihm eine bestimmte Form der Botschaft aufzwingen. Im Beispiel links könnte dies etwa wie folgt aussehen:

• Partner A hat in der Kindheit gelernt, sich kurz und knapp auszudrücken, viele erklärende Worte wurden in seiner Familie nicht geduldet. Daher die nüchterne Aussage: «Du kommst spät.» Partner B ist hingegen in einer Familie aufgewachsen, in der eine gewählte Sprache und ausführliche Erläuterungen willkommen waren. Daher empfindet er eine so knappe Formulierung als Kritik oder Vorwurf.

• Partner A legt großen Wert auf Pünktlichkeit und hat Partner B deswegen schon zurechtgewiesen. Ähnliches hatte B als Kind bereits zwischen seinen Eltern erlebt. Somit deutet er aufgrund seiner bisherigen Erfahrung die Aussage «Du kommst spät» als Vorwurf.

• Der Ton von Partner A ist gestresst, weil er gleich wieder in die Küche muss, um nach dem Essen auf dem Herd zu sehen. Partner B hört Verärgerung heraus, weil er es bei der eigenen Mutter gegenüber dem Vater oft so erlebt hat.

Generell gilt: *Alle* unsere Wahrnehmungen sind *immer* eine Interpretation des Gehirns und nicht eine objektive Abbildung der Wirklichkeit. Wir dürfen allem, was wir zu sehen, zu hören und zu verstehen glauben, misstrauen! Unter anderem ist die Deutung jeweils auch vom umgebenden Kontext abhängig. Zwei Beispiele:

DAS OHR Im ersten Wort interpretieren wir den mittleren Buchstaben sofort als ein A, im zweiten als ein H – obwohl die beiden Buchstaben in Wirklichkeit genau gleich aussehen.

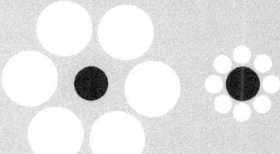

Welcher der beiden schwarzen Kreise ist größer? Scheinbar der rechte. Tatsächlich sind aber beide exakt gleich, die Täuschung entsteht durch die unterschiedlich großen weißen Kreise darum herum.

IV. Die Erfüllung des Vertrags

Es ist höchst fraglich, wie ich in den vorangehenden Kapiteln aufgezeigt habe, ob ein Liebesdeal, dieser mit dem Eingehen der Beziehung eher unbewusst abgeschlossene, unausgesprochene Vertrag überhaupt je eingehalten werden könnte. Wir wissen ja aus dem Geschäftsleben, dass sich spätere Streitpunkte nur vermeiden lassen, wurde in einem Vertrag alles, wirklich alles bedacht und geregelt. Jedes Detail, das man nicht präzis festgehalten hat, erlaubt einen Interpretationsspielraum und kann zu Meinungsverschiedenheiten und Konflikten führen. Zudem: Kommen nicht ständig neue Bedingungen hinzu? Solche, die erst im Lauf der Zeit auftauchen, weil wir uns verändern und Prioritäten anders setzen? Oder zur Beseitigung von Mängeln und Unzulänglichkeiten, die wir früher ignoriert hatten? In der ersten Liebesblindheit sehen wir das Negative im Partner ja nicht; die Wissenschaft weiß, dass die Verliebtheit einem Ausnahmezustand im Gehirn gleichkommt und dessen vorderer Bereich, der normalerweise andere Menschen laufend bewertet, sich in Bezug auf den Liebsten völlig abschaltet und überhaupt nicht über ihn urteilt. Kehren wir nach einer Weile in die «Normalität» zurück, wollen wir uns mit seinen Schwächen nicht abfinden. Schlimmer noch: Wir erwarten sogar mehr, als wir anfänglich in ihm erkannt hatten, Eigenschaften, von denen wir wussten, dass er sie gar nicht besitzt. Das ist, als kauften wir eine weiße Semmel – genau wie wir sie beim Bäcker gesehen haben – und wären später enttäuscht, dass sie weder mit Mohn noch mit Kümmel bestreut ist. Der Verstand würde uns ein solch widersinniges Verhalten nicht durchgehen lassen, aber unsere emotionale Seite ist ja eben nicht rational. So beginnen wir also mit unseren Bestrebungen, den Partner an unsere Wunschvorstellung anzupassen, im Irrglauben, wir könnten einen Menschen ändern – und hätten das Recht dazu.

Dementsprechend versuchen wir, den ursprünglichen Deal umzukrempeln. Doch jede nachträgliche Anpassung eines Vertrags bedarf des Einverständnisses *beider* Vertragspartner. Heißt das Zauberwort in diesem Fall denn nicht Nachverhandeln? Theoretisch ja. Bis zu einem gewissen Grad und in einigen Bereichen wäre es wohl möglich. Die hohen →Trennungs- und Scheidungsraten widersprechen allerdings der weit verbreiteten Ansicht und Praxis vieler Paare, durch Absprachen und Kompromisse ein von beiden Partnern als ausgeglichen empfundenes Geben und Nehmen zu erreichen und dadurch eine *gute, glücklich machende* Beziehung zu führen. Eine *zeitweilig befriedigende* vielleicht. Um den Preis unzähliger Diskussionen und wiederholter Auseinandersetzungen und Streitereien. Tatsächlich lassen sich ausgehandelte Vereinbarungen aus drei Hauptgründen gar nicht oder schlecht einhalten:

→ Siehe «Scheidungsgründe», Seite 38 ff.

• *Mängel bei der* →*Kommunikation.* Zum einen sprechen wir selten im Klartext und umfassend über unsere Wünsche und Vorstellungen. Zuweilen tun wir es aus taktischen Gründen oder aus Angst nicht, oft auch weil wir meinen, jemand, der uns liebt, müsse doch wissen, merken, spüren, was wir möchten und brauchen. Somit bestehen unsere Vertragspunkte, über die ausgesprochenen geforderten Leistungen hinaus, aus vielen *stillen* Erwartungen, von denen der Partner nichts weiß und die er deshalb höchstens per Zufallstreffer erfüllt. Denn auch hierbei «funktioniert» der Liebste aufgrund seines eigenen Unbewussten – nicht unseres! – und filtert unsere Andeutungen und ausgesandten Signale *seiner* Programmierung entsprechend. *Er kann nicht wissen*, was wir erwarten, brauchen, möchten, wenn wir es nicht klar und deutlich sagen, ohne Schnörkel und Schleier und versteckte Anspielungen, die er vermutlich falsch interpretiert.

→ Vergleiche Kapitel XIII über die Kommunikation, Seite 152 ff.

Zum anderen sind wir nicht immer in der Lage, unsere wahren Wünsche rational und argumentativ vorzubringen, weil viele davon aus dem Unbewussten stammen und wir selbst sie nicht richtig kennen. Wir meinen und geben vor, etwas zu wollen – dabei geht es um etwas ganz anderes. Ein Beispiel. Eine Frau bittet ihren Partner wiederholt, mit ihr Museen, Gemäldeausstellungen, Lesungen, klassische Konzerte zu besuchen, wofür er sich jedoch überhaupt nicht interessiert. Er lehnt deshalb ab und sagt, sie könne doch

35

ebenso gut mit einer Freundin hingehen. Der Frau geht es aber scheinbar darum – so kommuniziert sie es jedenfalls –, mit ihm gemeinsam etwas zu unternehmen. Er erwidert, sie sollten etwas zusammen machen, woran beide Spaß haben. Die Frau beharrt darauf und versucht immer wieder, ihn dazu zu bewegen. Was ihr dabei nicht bewusst ist: Als Kind wurde sie im Elternhaus so geprägt, dass Kunst und Schöngeistiges einen überaus hohen Stellenwert besitzen und nur darin bewanderte Menschen wertvoll und geschätzt sind; daher will sie dem Partner diese Bildung, die ihm fehlt, gewissermaßen aufzwingen. Sei es, damit sie selbst ihn mehr achten kann, sei es, um mit ihrer Partnerwahl vor ihren Eltern und Freunden gut dazustehen.

• *Dominanz der Emotionen.* Im Zwischenmenschlichen beherrscht unser emotionaler Teil oft den rationalen. Deshalb lassen sich Verträge zwar leicht eingehen, daraufhin aber schlecht einhalten. Liegt uns etwas sehr am Herzen, sind wir schnell bereit, im Gegenzug etwas anzubieten, das wir später für unverhältnismäßig halten oder gar bereuen.

Stellen Sie sich folgende Situation vor: Der Geflügelbauer trifft auf dem Weg zum Markt den Getreidebauern. Weil er hungrig ist, will er unbedingt ein Brot. «Meine Frau ist mit den Hühnern bereits auf dem Markt», erklärt er ihm. «Aber wenn ich jetzt gleich ein Brot bekomme, gebe ich dir nachher auf dem Markt ein ganzes Huhn dafür.» Der Getreidebauer lässt sich auf den für ihn vorteilhaften Handel ein. Nachdem der Geflügelbauer gesättigt auf dem Markt eintrifft, bereut er das schlechte Geschäft und will dem Getreidebauern nur noch ein halbes Huhn geben.

Analog verhalten wir uns in der Partnerschaft: Wir lassen uns auf einen Handel oder Kompromiss ein, weil wir etwas unbedingt wollen, wohl wissend, dass der Deal uns eigentlich nicht gefällt. Der Partner erfüllt seinen Teil der Vereinbarung. Sind wir dann an der Reihe, versagt entweder unser Rechtsempfinden, das uns zur Einhaltung des Vertrags verpflichten möchte, und wir missachten ihn – woraus Konflikte entstehen. Oder wir fügen uns widerwillig – worauf wir unzufrieden sind, uns schlecht fühlen, einen stillen oder offenkundigen Groll dem Partner gegenüber hegen.

• *Weisheit der →Seele.* Wir schließen Deals ab, weil wir etwas bekommen wollen, und sind wohl oder übel bereit, etwas dafür zu geben, was der Partner möchte. Dabei laufen wir Gefahr, Bedingungen zu akzeptieren, die unserer wahren Natur zuwider sind. Das mag eine Weile funktionieren, wir überwinden uns, überhören den Aufschrei der Seele oder bringen sie zum Schweigen. Aber auf die Dauer stehen wir es nicht durch und lehnen uns dagegen auf. Dann wundert sich der Partner: «Was ist denn plötzlich mit dir los? Du hast dich verändert, du bist nicht mehr der Mensch, den ich kennengelernt und in den ich mich verliebt habe.» Und seine Liebe verflüchtigt sich, weil wir nicht länger seinem Bild von uns entsprechen und wir seinen Erwartungen und Forderungen nicht mehr gerecht werden. Die Tage einer solchen Beziehung sind gezählt, und die verbleibende Zeit wird geprägt sein durch zähe, unfruchtbare Diskussionen und Konflikte.

→ Spreche ich in diesem Buch von Seele, so verstehe ich es nicht religiös/spirituell, sondern meine das Wahre, Weise in uns, das «bessere» Ich; siehe auch Seite 45 f.

* * *

Selbst wenn wir von Anfang an alle Vertragspunkte im Rahmen des menschlich Möglichen minutiös verhandelt, bis ins kleinste Detail ausdiskutiert, exakt festgehalten hätten und keine Kommunikationsprobleme bestünden: Der Liebesdeal wird trotzdem nicht funktionieren. *Weil Liebe nun einmal kein Deal ist!* Ebenso wie Schönheit, Güte, Mut, Aufrichtigkeit und all die anderen hehren Eigenschaften in ihrer →reinen Form nicht den Hauch eines Makels aufweisen und erst in der materiellen Welt in einer unvollkommenen Nachbildung auftreten, so ist auch die reine Liebe frei von Verzerrungen durch niedrige Dinge, frei von jeder Form von Forderung, Aushandeln, Feilschen, Taktik, Manipulation. In einem Satz: Nichts →Egoisches ist mit der reinen Liebe vereinbar.

→ Siehe «Platons Ideenlehre», Seite 42.

Betrachten wir also im nächsten Kapitel genauer, wie das Ego eine glückliche Beziehung gefährdet, und in den darauf folgenden Kapiteln dann noch weitere Hindernisse.

→ Siehe «Ego und Egoismus», Seite 45.

Scheidungsgründe

→ Die Scheidungsrate oder Scheidungsquote gibt das Verhältnis zwischen Ehescheidungen und Eheschließungen an.

Nachdem seit Anfang der 1960er-Jahre die →Scheidungsraten in Deutschland, Österreich und der Schweiz kontinuierlich bis zur Rekordhöhe von über 50 % gestiegen waren – jede zweite Ehe wurde geschieden –, sinken sie seit 2005 wieder. 2017 wurde in Deutschland und der Schweiz «nur» noch gut jede dritte Ehe geschieden, in Österreich waren es immer noch über 40 %. Zum Vergleich: Der EU-Durchschnitt lag 2016 bei 43,1 %; Spitzenreiter in Europa war Portugal mit 69 %.

Quellen aller hier erwähnten statistischen Daten: de.statista.com für Deutschland und Bundesamt für Statistik für die Schweiz.

Ehedauer bis zur Scheidung	Schweiz	Deutschland
Total Scheidungen 2017 (100 %)	*15 906*	*153 500*
0-4 Jahre	ca. 12 %	ca. 12 %
5-9 Jahre	ca. 25 %	ca. 24 %
10-14 Jahre	ca. 19 %	ca. 19 %
15 Jahre und mehr	ca. 44 %	ca. 45 %

Alter der Ehepartner bei der Scheidung in Deutschland

Total Scheidungen 2016: 162 397 (100 %)

Mann unter 30	ca. 5 %	Frau unter 30	ca. 9 %
Mann 30-40	ca. 23 %	Frau 30-40	ca. 28 %
Mann 40-50	ca. 35 %	Frau 40-50	ca. 36 %
Mann über 50	ca. 37 %	Frau über 50	ca. 27 %

Schaut man sich die Statistik über die Dauer der Ehe bis zur Scheidung an, so sieht man, dass um das verflixte siebente Jahr herum tatsächlich viele Ehen geschieden werden. Altersmäßig sind die Ehegatten in der scheidungsaktivsten Zeit um die 50. Es dürfte sich dabei um die Periode handeln, in der Illusionen und/oder Hoffnungen auf Veränderungen endgültig begraben werden und die Trennung als Erlösung oder zumindest als das kleinere Übel erscheint. Alle Statistiken betreffen nur offiziell geschlossene Ehen; die Trennungsraten bei nicht verheirateten Paaren liegen bestimmt noch höher. Ebenfalls nicht berücksichtigt sind die getrennten, aber nicht geschiedenen Ehen; zuweilen lassen sich die Partner aus finanziellen oder anderen praktischen Gründen nicht scheiden, faktisch ist die Ehe aber aufgelöst. Und die Ehen, die weder getrennt noch geschieden, aber dennoch unglücklich sind, eine beträchtliche Anzahl, fließen natürlich ebenfalls nicht in die Statistiken ein.

Über die Scheidungsgründe gibt es keine amtlichen Angaben. Das mag daran liegen, dass heutzutage viele Ehen einvernehmlich geschieden werden und der (wahre) Grund nicht bekannt und erfasst wird. Beratungsstellen, Therapeuten und Anwälte veröffentlichen hingegen Informationen dazu. Die dabei genannten →Gründe sind in der Reihenfolge ihrer Häufigkeit die folgenden:

1. Man hat sich «auseinandergelebt», wobei es hierbei auch um die Sinnsuche und die Veränderung des einen Partners gehen kann, oder die Ehe wurde ursprünglich aus anderen Motiven als Liebe geschlossen (finanzielle Situation, Stabilisierung einer kriselnden Beziehung, Schwangerschaft);
2. fehlende oder mangelhafte Kommunikation;
3. Fremdgehen oder der Wunsch nach einem neuen Partner, nicht selten wegen unbefriedigendem Sex oder weil der Partner sich nicht mehr um die Beziehung bemüht;
4. fehlender Respekt im weitesten Sinn (ungerechte Aufgabenverteilung im Alltag, egoistische Verfolgung der eigenen Bedürfnisse, Uneinigkeit über die Kindererziehung, krankhafte Eifersucht, Desinteresse am Partner, …);
5. finanzielle Probleme, unausgeglichenes Ausgeben von Geld, Geiz des besser verdienenden Partners;
6. körperliche Gewalt.

→ Es handelt sich bei dieser Aufzählung um eine Zusammenstellung, die ich aufgrund vieler verschiedener Quellen aus Deutschland und der Schweiz vorgenommen habe. Es liegt ihr jedoch, wie erwähnt, keine offizielle Statistik zugrunde.

Laut einer →Studie der Psychologin Pasqualina Perrig-Chiello bezeichnen sich 41 % aller Paare, die länger als 30 Jahre verheiratet sind, als unzufrieden mit ihrer Ehe. Das erklärt auch die erstaunlich hohe Scheidungsrate älterer Ehepaare: In Deutschland betrafen im Jahr 2017 über 17 % aller Scheidungen Ehen, die 25 Jahre und länger gedauert hatten.

Interessant ist ferner die Tatsache, dass Frauen wesentlich häufiger die Scheidung beantragen als Männer. In Deutschland war es 2017 in über 50 % der Fälle die Frau, in rund 40 % der Mann (10 % gemeinsamer Antrag). In der Schweiz wird eine solche Statistik nicht erfasst, man schätzt jedoch, dass es in zwei von drei Fällen die Frau ist, welche die Trennung will.

Wie ist das zu erklären? Geben Frauen schneller auf? Sind sie zu anspruchsvoll oder zu wenig tolerant? Nach einigen Schweizer Studien von Perrig-Chiello sprechen die Frauen in 80 % der Fälle von der fehlenden Kommunikationsfähigkeit des Mannes als Haupt- oder Mitgrund für die Trennung. Generell sind Frauen unzufriedener mit ihrer Partnerschaft als Männer und handeln konsequenter und kom-

→ Schweizer Studie (2016) über 6 Jahre mit 2000 Personen (1000 spät geschiedene und 1000 lang verheiratete). Die Psychologieprofessorin Pasqualina Perrig-Chiello hat sich intensiv mit Ehe und Scheidung beschäftigt und verschiedene Studien dazu veröffentlicht.

(Fortsetzung nächste Seite)

promissloser. Männer neigen eher dazu, sich mit einer außerehelichen Beziehung zu trösten oder sich in den Beruf zu stürzen, während Frauen sich stärker auf den Partner konzentrieren. Daher schaffen sie auch schneller klare Verhältnisse und trennen sich, wenn sie sich neu verlieben. Allerdings ist ihr Trennungsgrund nur in etwa einem Drittel der Fälle ein neuer Partner.

Frauen nehmen auch ihr Bedürfnis nach Selbstverwirklichung und ihren vermeintlichen Anspruch auf Glück ernster als Männer und sind heutzutage dank ihrer Selbstständigkeit und finanziellen Unabhängigkeit nicht mehr auf eine Ehe angewiesen.

→ Zitiert aus der Tages-Anzeiger-Onlineausgabe vom 5.8.13.

Doch wie →Perrig-Chiello sagt: «Es ist gut, dass Frauen nicht mehr ausharren müssen. Aber es ist eine Illusion, zu meinen, dass sich nach einer Trennung automatisch das große Glück einstellt. Denn das ist eine Frage der Persönlichkeit – und nicht eine des Partners.»

Einer offiziellen Scheidung geht oft eine jahre- oder jahrzehntelange Leidenszeit voraus. Deshalb ist es durchaus interessant genauer hinzuschauen, was die Partner als Gründe für ihre Unzufriedenheit mit der Beziehung angeben. Laut einer →Langzeitstudie, an der total über 222 000 Männer und Frauen im Alter zwischen 20 und 69 Jahren teilnahmen, wurden die folgenden Bereiche genannt, mit denen die Befragten einerseits am häufigsten unzufrieden waren und die sie andererseits als am schwerwiegendsten einstuften:

→ Studie des Instituts für Psychologie im Rahmen des «Theratalk» der Georg-August-Universität, Göttingen, Stand 2016

Problembereich	Häufigkeit *
1. Gesprächsverhalten bei Problemen in der Partnerschaft	52 %
2. Art und Weise, negative Gefühle oder Kritik zu zeigen oder zu äußern	50 %
3. Sex, Erotik	49 %
4. Lebendigkeit, Spontaneität in der Beziehung	44 %
5. Zärtlichkeit, körperliche Zuwendung	40 %
6. Änderungsbereitschaft	39 %
7. Ausmaß an Zeit / Energie, die für die Partnerschaft aufgebracht wird	37 %
8. Gemeinsame Aktivitäten, Zeit füreinander	37 %
9. Ausmaß an Liebe und Zuneigung	33 %
10. Erwartungen aneinander	33 %

* Die Häufigkeit sagt aus, wie viel Prozent aller Studienteilnehmer Probleme im jeweiligen Bereich angaben.

Problembereich	Schweregrad *
1. Sex, Erotik	69 %
2. Treue	69 %
3. Vertrauen	64 %
4. Gesprächsverhalten bei Problemen in der Partnerschaft	61 %
5. Zärtlichkeit, körperliche Zuwendung	61 %
6. Eifersucht	58 %
7. Familienplanung und Verhütung	58 %
8. Handgreiflichkeiten, sexuelle Übergriffe	58 %
9. Ausmaß an Liebe und Zuneigung	56 %
10. Art und Weise, negative Gefühle oder Kritik zu zeigen oder zu äußern	56 %
11. Alkohol- oder Drogenkonsum	56 %

Der Schweregrad sagt aus, als wie schwer die Studienteilnehmer ein Problem betrachteten; denn auch das Vorhandensein statistisch weniger häufig vorkommender Probleme kann eine einzelne Beziehung stark belasten. Die Prozentzahlen geben die Problemschwere wieder: 0 % für kein Problem, 100 % für die schwersten.

Platons Ideenlehre

Die Ideenlehre ist ein Kernelement von Platons Philosophie, wobei der Begriff «Idee» (Griechisch: *eidos*) nicht wie heute einen Einfall oder einen Gedanken bezeichnet. Unter der Idee versteht der große Philosoph ein *Urbild* oder *Urprinzip*, unveränderlich, unvergänglich, einzig, eine Einheit, die in vielen Einzelnen abgebildet wird. Dieses Urbild existiert real, obwohl es vom Menschen nicht sinnlich wahrnehmbar ist. Wahrnehmen können wir beispielsweise die Idee der Schönheit in einzelnen schönen Dingen, doch es handelt sich dabei immer um unvollkommene Abbildungen der Idee, die in den verschiedensten Ausprägungen auftreten.

Diese Darstellungen in der niedrigen Welt beziehen ihr eigentliches Sein aus der höheren Ebene und die Idee hat die wegweisende Funktion, wie etwas sein *sollte*. Der Sinn oder die Aufgabe des unvollkommenen Abbilds ist folglich, sich der vollkommenen Idee anzunähern.

Nach Platon kennt die Seele des Menschen die Ideen. So ist also die wahre, reine Liebe bereits in uns, wir brauchen sie nicht zu erlernen, wir müssen uns gewissermaßen nur wieder daran erinnern.

Wäre es nicht eine wunderschöne, bereichernde, sinnvolle Lebensaufgabe, unsere unvollkommene egoische Liebe in vollkommene reine Liebe zu verwandeln?

V. Das Ego: Hindernis Nummer 1

Eine glückliche Partnerschaft aufzubauen bedingt, uns mit einigen Aspekten des menschlichen →Ego zu beschäftigen, denn sie stehen im Weg und führen dazu, dass wir aus der Liebesbeziehung einen Deal machen.

→ Siehe «Ego und Egoismus», Seite 45.

Evolutionsgeschichtlich gesehen war die Entwicklung des Ego ein wichtiger Meilenstein: Es handelt sich dabei um die Geburt der Individualität, um das Erwachen des Bewusstseins, dass jedes Ich nicht nur ein Bestandteil eines Kollektivs ist, wie etwa bei Ameisen und Bienen, vielmehr ein von anderen abgegrenztes Wesen mit eigenen Bedürfnissen und der innewohnenden Möglichkeit, diese zu befriedigen. Der egoische Mensch lässt sich nicht länger von der Mechanik der Natur und von seinem Instinkt leiten, sondern von seinen Vorstellungen und Wünschen, und er lebt seine Einzigartigkeit aus.

Allerdings stellt das Ego nur eine Zwischenstufe vom instinktgesteuerten zum geistigen Wesen dar, von der Unbewusstheit zu einem höheren Bewusstsein. Das →Evolutionsziel «Bildung des Ego» ist mittlerweile längst erreicht. Jetzt steht ein weiteres an: die geistige Entwicklung zu *wahrhaft menschlichen Wesen*. Wir können diesen Prozess der natürlichen Selektion überlassen, dann mag er hunderte oder tausende Jahre dauern. Wir können ihn aber auch bewusst angehen und fördern; dazu müssen wir uns selbst verändern, jedes Individuum für sich, uns von der tieferen Entwicklungsstufe auf die höhere erheben. Jede unserer «niederen» Regungen ist nämlich lediglich eine Verzerrung der reinen Eigenschaft und kann in letztere verwandelt werden: Es soll die selbstische Liebe zur selbstlosen Liebe werden, das Streben nach persönlichem Wohlergehen zum Streben nach Wohlergehen für alle Menschen.

→ Wie die Evolution zu immer höheren Bewusstseinsstufen führt und wir Menschen uns dem nicht entziehen können, habe ich in meinem Buch «Karma Yoga» erläutert; Info Seite 179.

Momentan leben wir noch ausgeprägt im Ego. So prallen in jeder zwischenmenschlichen Beziehung zwei Egos aufeinander, die sich ihrer Eigenheiten entsprechend zu verwirklichen versuchen. Das übergeordnete Ziel ist immer das gleiche: Jedes Ego möchte glücklich sein. Und glücklich fühlt es sich, wenn es besitzt, was es begehrt, seien dies materielle oder immaterielle Güter. Die Wege, die wir zum Erlangen dieses Glücks einschlagen, sind äußerst unterschiedlich, die gewählten Mittel reichen von Altruismus bis zu Egoismus, umfassen in ihrer hässlichsten Form unter anderem Diebstahl, Betrug, Machtausübung, Manipulation, Lüge, Erpressung sowie physische und psychische Gewalt.

Die stärksten Antriebskräfte des Ego, die einen Großteil des Verhaltens steuern, sind die Wünsche und die Ängste, die in einer Wechselwirkung stehen: Wünschen wir uns etwas sehr, so spielt bewusst oder unbewusst die Angst mit, das Ersehnte nicht zu bekommen oder wieder zu verlieren; fürchten wir etwas, so impliziert dies den Wunsch, es möge uns nicht heimsuchen oder wieder vergehen.

Zwei weitere Aspekte des Ego, die eine glückliche Liebesbeziehung gefährden, sind die auch im Menschen noch vorhandenen animalischen Triebe und – nicht zu unterschätzen – der Drang, ja die Sucht nach dem «Drama des Lebens» oder, umgekehrt ausgedrückt, die Abneigung und Furcht vor der Eintönigkeit und Langeweile.

Ego und Egoismus

Was *Egoismus* ist, brauche ich nicht lange zu erläutern, der Begriff ist uns allen klar. Der →Duden definiert Egoismus als eine «Haltung, die gekennzeichnet ist durch das Streben nach Erlangung von Vorteilen für die eigene Person, nach Erfüllung der die eigene Person betreffenden Wünsche ohne Rücksicht auf die Ansprüche anderer; Selbstsucht, Ich-Sucht, Eigenliebe.»

→ Duden online, Stand Dezember 2024.

Ego stammt aus dem Latein und bedeutet «ich». Im alltäglichen Sprachgebrauch wird der Begriff oft mit einem negativen Beigeschmack verwendet, der bereits in Richtung Egoismus und Selbstbezogenheit geht. In der Psychologie hingegen versteht man unter dem Ego das Selbst, also alles, was unser Wesen ausmacht. Das Ego umfasst somit sowohl Eigenschaften, die wir für unerwünscht bis verwerflich halten, als auch solche, die zwar von einer philosophischen oder spirituellen Warte aus betrachtet unvollkommen und daher zu überwinden, jedoch auf der weltlichen Ebene schlicht nur *menschlich* sind, *egoisch* eben. An diese Bedeutung angelehnt verwende ich den Begriff Ego in diesem Buch und stelle ihm die *Seele* gegenüber, worunter ich *unseren inneren Weisen* oder den besseren, altruistischeren Teil des Menschen verstehe, ohne eine spirituelle/religiöse Dimension von etwas Göttlichem einzubeziehen.

Egoisch (Adjektiv zu *Ego*) bedeutet folglich *zum Ego gehörend*, ohne die negative Wertung, die in *egoistisch* (Adjektiv zu *Egoismus*) steckt. So ist ein egoischer Wesenszug nicht zwangsläufig egoistisch, dennoch unserer Zufriedenheit nicht förderlich, weil das Ego oft mehr aus den Emotionen als aus dem Verstand handelt. Die Aussicht auf einen kurzfristigen Genuss macht es blind und es berücksichtigt dabei die längerfristigen Folgen nicht mehr.

Egoisch ist ebenfalls unsere Liebe, weil nicht bedingungslos, nicht vorbehaltlos, nicht uneingeschränkt, also *unvollkommen*. Es ist die Art Liebe, derer wir aufgrund unseres Ego fähig sind und als solche nicht zu verurteilen – lieben ist immer besser als nicht lieben! Die wahre Liebe jedoch ist rein und vollkommen. Beinahe *über*menschlich, wie ich schon an anderer Stelle zugegeben habe, doch erstrebenswert und die Grundlage für eine anhaltend glückliche Beziehung.

Die List des Ego

Strebt das Ego etwas an, so ist es äußerst raffiniert und verfolgt seine Ziele ohne Rücksicht auf die Konsequenzen. Bei dieser Gelegenheit will ich etwas klarstellen, was Sie vielleicht beim Lesen dieses Buches irritiert. Sagen wir «Ich», so empfinden wir uns ja als eine Einheit, ein Einziges. Demgegenüber spreche ich zuweilen vom Ich, als bestünde es aus unterschiedlichen Teilen. In der Tat sind wir nicht die Einheit, für die wir uns halten:

• Zum einen können wir die religiöse/spirituelle Aufteilung in Ego und Seele/Geist oder in Niederes und Höheres Selbst vornehmen, wobei das Ego dem unvollkommenen, irdischen Teil von uns entspricht und die Seele dem vollkommenen, geistigen, göttlichen Teil. Spreche ich in diesem Buch von *Seele*, dann meine ich aber nicht das Göttliche in uns, sondern lediglich unseren guten, weisen, altruistischen Teil.

→ In meinem Buch «Die weise Führung der Seelenstimme» erläutere ich Kopf, Herz, Bauch, Unbewusstes und Seele ausführlich; Infos Seite 179.

• Oder, zum anderen, wir bleiben beim Weltlichen und lassen Seele, Geist, Höheres Selbst, wie man diesen Teil auch bezeichnen mag, beiseite und sprechen nur noch vom Ich oder Ego, allerdings im Bewusstsein, dass es diverse →Elemente oder Bereiche aufweist. Es ist beispielsweise aufgeteilt in rationales und emotionales Ego oder in Verstand, Herz und/oder «Bauch». Es sind dies jedenfalls Elemente, die recht unabhängig voneinander agieren. Anders lässt sich nicht erklären, wie *ich* morgens um 8 Uhr entscheide, um 10 Uhr ins Fitnesstraining zu gehen, und *ich* dann um 9.45 Uhr beschließe, es zu schwänzen. Oder *ich* den Vorsatz fasse, mit dem Rauchen, mit Süßigkeiten, mit dem Trinken aufzuhören, und *ich* eine Stunde später schwach werde. Wer hat denn da einen Entschluss gefasst? *Ich.* Und obwohl *ich* es eigentlich nicht will, handle *ich* dennoch anders? Weil *ich* es doch irgendwie will?!

Herz, Verstand, Kopf, Bauch, Ego, Seele, Geist, wie wir es auch drehen und wenden: Der Mensch besteht aus verschiedenen Elementen, die sich nicht immer einig sind. Dies geklärt, will ich nun vor der List desjenigen Ego-Elements warnen, das uns zu Taten treibt, die unsere Seele, der weisere Teil von uns nicht befürwortet. Dabei benutzt es verschiedene Mittel, vor allem starke Emotionen, aber auch das Denken. Deshalb sollten wir stets ehrlich mit uns selbst sein, gut in uns hineinhorchen, ob es das verführerische Ego ist, das etwas will, oder die Seele, die durch die Seelenstimme spricht. Diese viel gepriesene Stimme gehört, spirituell betrachtet, natürlich zur Seele oder, weltlicher ausgedrückt, zum «inneren Weisen», der stets weiß, was für uns *tatsächlich* das Beste ist.

Die Seele meldet sich stets sofort, schnell und kurz; unmittelbar danach können dann aus dem Ego Gedanken oder Emotionen aufkommen. Diese dürfen nicht mit der Seelenstimme verwechselt werden; nur die erste «Botschaft» stammt aus der Seele, alles Folgende aus dem Ego.

In meinem →Buch «Die weise Führung der Seelenstimme» habe ich die Eigenheiten dieser Stimme ausführlich erläutert und eine Tabelle mit den wichtigsten Unterschieden zur Stimme des Ego entworfen, wie folgt:

→ Infos zu meinem Buch «Die weise Führung der Seelenstimme» siehe Seite 179.

Stimme der Seele	Stimmen des Ego
Leise, undeutlich, kurze Empfindung, augenblicklich	Laut, deutlich, kreisende oder wiederkehrende Gedanken
Innere Ruhe, Sicherheit, Gelassenheit	Unruhe, Verwirrung oder Ratlosigkeit, Anspannung
In der Regel nicht mit Worten (außer manchmal ein klares Ja oder Nein oder einzelnes Wort), keine Begründungen und Erklärungen	Durch den Verstand rationale Argumentation in Form von Gedanken; auch Begründung gegen bereits getroffene Entscheidungen
Nicht von Emotionen begleitet (unmittelbar nachher können diese jedoch aufkommen)	Begleitet von Emotionen wie Leidenschaft, Sehnsucht, Ärger, Angst, Eifersucht, exzessive Freude, …
Unmittelbar keine Angst oder Zweifel (nachher beim Nachdenken können diese aber aufkommen)	Eventuell geprägt von Angst, Sorge oder Bedenken, generell von Zweifeln
Kann sich als starken Antrieb äußern, «lässt keine Wahl», aber immer begleitet von innerer Ruhe; es fühlt sich gut und richtig an	Empfindung von Getriebensein, von «keine Wahl haben», begleitet von Rastlosigkeit und eventuell von der Empfindung, fremdbestimmt zu sein

1. Die Wünsche

Ein Hauptmerkmal des Ego sind die «Ich-will», angefangen bei den bescheidenen alltäglichen Wünschen, wie ein bisschen länger schlafen oder einen Sitzplatz im vollbesetzten Zug ergattern, über Begehrlichkeiten, etwa ein schnelleres Auto oder Sex mit dem attraktiven Nachbarn, bis hin zu den Lebensträumen, ein Haus mit Garten, eine Familie mit Kindern, Erfolg im Spitzensport, Verwirklichung in der Kunst und andere. Jeder von uns hat tausendundeinen Wunsch und bemüht sich darum, dass diese sich erfüllen.

Nüchtern betrachtet ist der Partner dabei gleichzeitig ein Mittel zum Zweck, beispielsweise was den Wunsch nach einer Familie betrifft, und ein Hindernis, etwa beim Bestreben, sportlich erfolgreich zu sein, oder bei anderen persönlichen Plänen. Wäre unser Bedürfnis, geliebt zu werden und einen geliebten Menschen an unserer Seite zu haben, nicht so viel mächtiger und drängender als die allermeisten anderen Bedürfnisse, würden wir wohl abwägen, ob es sich für uns überhaupt lohnt, eine Partnerschaft einzugehen, genau wie wir zwischen anderen Wünschen jeweils Prioritäten setzen oder eine Wahl treffen, falls sie sich gegenseitig ausschließen. So müssen wir uns etwa entscheiden zwischen mehr Freizeit und einem höheren Verdienst: lieber halbtags arbeiten und auf einen gewissen Luxus verzichten oder ein teures Auto fahren und dafür Vollzeit arbeiten?

Viele Ich-will stehen zu unserem Leidwesen im Widerspruch zum Bedürfnis nach einer Liebesbeziehung. In der Regel können wir nicht, wie man in der Schweiz sagt, «de föifer und s weggli ha» (den Fünfer und das Weggli haben, also Geld *und* Brötchen). Das funktioniert deshalb nicht, weil der Liebste ebenfalls ein Ego ist, mit *seinen* Wünschen und Begehren, die sich mit unseren nicht kongruent decken und teilweise mit ihnen kollidieren.

Dennoch wollen wir beides, gewissermaßen eine Single-Paar-Beziehung, weshalb kein Weg an Zugeständnissen vorbeiführt, was immer einen Verzicht in einem Bereich bedeutet. Dessen sind wir uns wohl bewusst. Aber: Der Verstand sagt uns zwar, dass wir dazu bereit sind – dazu bereit sein *müssen* –, und in der ersten Phase, solange noch ein Rest reiner, wahrer Liebe herrscht, ist das kein Problem.

Doch nach einer gewissen Zeit, wenn die Beziehung sich eingespielt hat, wir uns der Liebe des Partners einigermaßen sicher sind, die anfängliche Verliebtheit, die jeden Verzicht leichter machte, verschwunden ist, melden sich die anderen Ich-will verstärkt. Wir sind nicht mehr bereit, darauf zu verzichten. Also bleibt uns als Ausweg nur, da wir ja nach wie vor auch Liebe wollen, den Partner an unsere Ziele anzupassen, ihn zu verändern, damit er zur Befriedigung unserer Ich-will beiträgt oder ihnen zumindest nicht entgegensteht – und zwar derjenigen, die direkt mit ihm zusammenhängen, bei denen er also →aktiv etwas leisten muss, ebenso wie derjenigen, die wir außerhalb der Beziehung verfolgen und die er passiv dulden soll. Dem Partner ergeht es natürlich gleich.

→ Siehe «Delegation des Glücks», Seite 56.

Ich will an dieser Stelle noch ergänzen, dass für das Ego auch anerkannte Standards keine Rechtskraft besitzen. Die Beurteilung des Freundeskreises, gar der Gesellschaft als *objektiv* richtig oder falsch ist in einer Beziehung zwischen zwei Egos nicht von Belang. Ein Beispiel: Sind beide Partner vollzeitlich berufstätig, sollen sie sich die Hausarbeit teilen. Jeder vernünftige Mensch wird zugeben, dass diese Aussage *objektiv* richtig ist. Doch sie ist absolut wertlos, stehen auf der Liste der Ich-will des einen Ego tägliche mehrstündige sportliche Aktivitäten. Oder es eine extreme, beinahe krankhafte Abneigung gegen Hausarbeit hat. Fakt ist: Zwei unvereinbare Ich-will (nämlich «ich will, dass du im Haushalt mithilfst» und «ich will ausgiebig Sport treiben/keine Hausarbeit leisten») prallen aufeinander. Es kann sein, dass durch Verhandlungen ein Kompromiss zustande kommt. Ob ihn jedoch beide wirklich als befriedigend empfinden und sich über längere Zeit daran halten?

Ich fasse etwas pointiert zusammen: Zwei Egos stehen einander zur Erlangung ihrer jeweiligen Ich-will im Kampf gegenüber, dabei gibt es einen Gewinner und einen Verlierer. Siegen wird das egoistischere, durchsetzungsstärkere Ego. Oder anders ausgedrückt: das Ego, das weniger Angst hat, den Liebsten und die Liebe zu verlieren. Zu den Ängsten komme ich gleich in Abschnitt 2. Vorher schauen wir uns noch an, wie wir mit den Wünschen umgehen sollten, damit es keine Sieger und Verlierer gibt.

→Must have =
muss es haben;
nice to have =
nett, es zu haben.

→Siehe «Selbst-
einschätzung
der vitalen
Bedürfnisse»,
Seite 54 f.

Zuallererst eine banale Weisheit: Solange wir Wünsche haben, sind wir nie im wahren Sinn des Wortes *wunsch-los* glücklich – weder in einer Beziehung noch allein. Seien wir aber realistisch: Wunschlosigkeit ist eine Illusion und Wünsche sind schließlich auch eine positive Antriebskraft. Es geht darum zu unterscheiden, welche unserer Wünsche →«must have» und welche nur «nice to have» sind, wie man auf Englisch so schön sagt. Ich nenne sie nachfolgend *vitale* und *banale* Wünsche/Bedürfnisse, wobei *banal* hier nicht abwertend zu verstehen ist. Ein Beispiel aus dem Alltagsleben: Fließendes Trinkwasser aus der Leitung ist für uns ein Must-have, ein vitales Bedürfnis, Mineralwasser aus der Flasche ein Nice-to-have, ein banaler Wunsch.

In diesem Zusammenhang reihe ich unter die vitalen Bedürfnisse nicht auch die selbstverständlichen allgemeiner Natur, wie Nahrung, körperliche Unversehrtheit, Wahrung der Menschenwürde ein. Es geht mir hier um die vitalen Bedürfnisse →*persönlicher* Natur, die einem individuellen inneren Drang entspringen, für den einen Menschen Kinder zu haben, für einen anderen sein Engagement im Umweltschutz, für einen Dritten sich künstlerisch auszudrücken. Wir müssen allerdings selbstkritisch und absolut ehrlich sein, was die Zuordnung zu dieser Kategorie betrifft, und nicht dem listigen Ego auf den Leim gehen, das uns als vital verkauft, was lediglich ein starkes banales Ich-will ist. So gehören beispielsweise die Ausübung eines Hobbys oder die Gemeinsamkeit der Interessen in der Regel nicht zu den Must-have, ebenso wenig wie Pünktlichkeit oder Mut. Auf das Befriedigen echter vitaler Bedürfnisse dürfen wir nicht verzichten, nicht einmal Kompromisse eingehen, sonst leidet die Seele, denn sie gehören offenbar zu unserer Natur, die sich verwirklichen will. Lassen sie sich in der gegenwärtigen Paarbeziehung nicht stillen, so bleibt nichts anderes als die Trennung. Bei bestimmten vitalen Bedürfnissen ist unter Umständen nur ein Single-Dasein möglich, etwa bei einigen Formen der Spiritualität oder einer extremen Ausrichtung auf bestimmte Lebensziele; das müssten wir uns dann eingestehen und die Konsequenzen ziehen.

Ganz anders verhält es sich mit den banalen Wünschen. Wir neigen dazu, diese überzubewerten und zu einem echten Bedürfnis hochzustilisieren. Das Ego ist geschickt darin, Wünsche aufzublähen und/oder sie als etwas anderes darzustellen, und jedes egoische Verhalten scheinbar rational und logisch zu rechtfertigen oder gar als altruistisch zu verkaufen. Ich erinnere an das Beispiel der Frau, die ihren Partner zum Besuch kultureller Veranstaltungen bewegen will. Sie stellt es als gemeinsame Unternehmung dar, in Wirklichkeit wird sie von der Angst getrieben. Sie befürchtet, ihre Familie und ihre Freunde könnten ihren Partner als Kulturbanausen nicht akzeptieren und deshalb auch sie selbst weniger schätzen.

Wir sollen uns mit unseren Wünschen ernst nehmen, liebevoll mit uns umgehen, uns alles gönnen, was wir ersehnen und bekommen können. Aber uns nicht darin verbeißen und nicht daran hängen, sondern uns immer wieder bewusst machen, dass es für die wahre innere Zufriedenheit nicht entscheidend ist, ob wir dieses oder jenes besitzen, ob eine Situation nun so oder anders ist. →Gleichmut ist in einer Paarbeziehung eine ungemein wichtige Eigenschaft. Es bedeutet, nach der Weisheit zu leben, wonach für uns außer den vitalen Bedürfnissen nichts derart wichtig ist, dass es sich lohnt, übermäßige Energie darin zu investieren, gar dafür zu leiden. Oder andere unter Druck zu setzen oder gar leiden zu lassen.

→ Siehe «Gleichmut, der Schlüssel zur Zufriedenheit», Seite 80 f.

Gerade in einer Partnerschaft, wie im Übrigen generell im zwischenmenschlichen Bereich, gibt es unzählige Situationen, in denen die Wünsche der Beteiligten nicht identisch sind. Hier nur einige Beispiele, exemplarisch, von geringfügigeren zu gewichtigeren:

• Wir sind uns einig, ins Kino zu gehen, aber nicht über den Film, den wir sehen wollen.
• Wir kochen und essen gemeinsam, aber dann entbrennt ein Streit darüber, wer die Küche aufräumt.
• Ich will, dass mein Partner bei Verabredungen pünktlich ist, er lässt sich oft aufhalten und ablenken.
• Ich will, dass mein Partner seine Sorgen mit mir teilt, er ist ein verschlossener Mensch, der alles mit sich selbst ausmacht und nicht darüber spricht.
• Mein Partner hat Lust auf Sex, ich will lieber nur in den Arm genommen werden.

51

Sie selbst können bestimmt noch viele Wünsche und Bedürfnisse aus eigener Erfahrung hinzufügen. Und vielleicht
erachten Sie das eine oder andere der oben erwähnten Ich-
will, wenn auch nicht als vital, so doch als wichtig, etwa den
dritten Punkt (Pünktlichkeit). Ist er Ihnen aber derart wichtig, dass sie daraus entstehende Diskussionen und Konflikte
in Kauf nehmen? Faule oder schmerzhafte Kompromisse
dafür eingehen? Und was kostet Sie mehr Energie und Zufriedenheit: der Versuch, den Wunsch durchzusetzen, oder
der Gleichmut, den Wunsch fallen zu lassen? Diese Fragen
kann ich nicht für Sie beantworten. Doch aus meiner Erfahrung – wie ich im Lauf der Jahre und der Partnerschaften
gelernt habe –, ist es für die Beziehung förderlicher und für
einen selbst befriedigender, die eigenen banalen Wünsche
aufzugeben. Es lässt sich doch immer eine Lösung finden:
Bei Verabredungen mit einem meiner Partner, der oft un-
pünktlich war, hatte ich mir angewöhnt, stets ein Buch mit-
zunehmen; dadurch konnte ich die Wartezeit in angenehmer Weise überbrücken und sie belastete mich nicht.

Jetzt höre ich Ihren Aufschrei: «Warum muss denn
immer *ich* →nachgeben?» Erstens: Weil Liebe kein Deal ist
und sich in einer Liebesbeziehung die Frage von Durch-
setzen oder Zurückstehen nicht stellt. Zweitens: Geben ist
tatsächlich seliger denn nehmen. Tun wir etwas für einen
anderen, schüttet das Gehirn Glückshormone aus. Die Won-
ne, den geliebten Menschen glücklich zu machen, über-
wiegt die Freude der eigenen Wunscherfüllung. Und drit-
tens, weil sich uns damit eine lohnende Gelegenheit bietet,
innerlich zu wachsen und unsere Persönlichkeit zu entwickeln. Selbstverständlich sollen wir unsere Bedürfnisse
mitteilen und hoffen, der Partner teile das Bestreben nach
reiner Liebe und Gleichmut, sodass er freiwillig an sich
arbeitet und uns entgegenkommt. Erwarten oder fordern
wir es aber von ihm, wird nicht nur er unglücklich, sondern
auch wir selbst. Umgekehrt gestaltet sich durch Gleichmut
nicht nur unser Beziehungsleben, sondern unser Leben ins-
gesamt leichter und zufriedener. Sie glauben mir nicht?
Müssen Sie nicht. Versuchen Sie es und urteilen Sie selbst.

Nachfolgend führe ich einige Punkte auf, die Sie zum Einüben des Gleichmuts in der Partnerschaft beachten sollten:

→ Siehe «Miss-
brauchte
Nachgiebigkeit?»,
Seite 57.

- Jedes Mal, wenn divergierende banale Wünsche/Bedürfnisse im Raum stehen, sagen Sie sich mit Überzeugung: «Es ist nur mein Ego, das diesen Wunsch hat, er ist nicht wichtig. Ich gebe ihn in Liebe auf.»

- Sie bemühen sich, den Wunsch Ihres Liebsten zu ihrem eigenen zu machen, ihn als eigen zu *empfinden*: Schließlich sind Sie beide in Ihrer Liebe —eins, und was dem Partner guttut, tut auch Ihnen gut, und sein Glück ist Ihr Glück.

→ Den Aspekt der Einheit behandle ich in Kapitel XIV, Seite 168 ff.

- Es versteht sich von selbst, dass Sie keine Erwartungen und Forderungen daran knüpfen, weder gedanklich noch ausgesprochen: Es ist keine Gegenleistung geschuldet.

- Sie verweigern sich augenblicklich Ihrer Enttäuschung, falls der Partner Ihr Entgegenkommen anscheinend nicht wahrnimmt oder nicht gebührend zu schätzen weiß, und machen ihn nicht darauf aufmerksam.

- Kommen negative Gedanken auf, etwa: «Schon wieder gebe ich nach», «Er liebt mich nicht genug, sonst würde er merken, dass ich eigentlich etwas anderes will», vertreiben Sie diese sofort, sei es durch Ablenkung, Rezitieren einer Affirmation, körperliche Anstrengung oder mit einer anderen Methode, die Sie für wirksam halten.

- Sie lassen es Ihren Liebsten auf keinen Fall spüren, sollte Ihnen Ihr Zugeständnis schwerfallen: Sie setzen keine resignierte oder frustrierte Miene auf, geschweige denn sagen Sie ihm, Sie hätten ein Opfer erbracht, und werfen es ihm später vor oder fordern einen Ausgleich.

→Affirmationen können Sie in Ihren Bemühungen und beim Gesinnungswandel unterstützen. Ferner sollten Sie Gleichmut generell im Alltag üben und fördern, indem Sie äußere Umstände nicht als gut/schlecht, angenehm/unangenehm, erwünscht/verhasst betrachten, sondern eben gleichmütig: Es ist Ihnen nicht lieber, ein Buch zu lesen, als die Wäsche zu bügeln; es ist Ihnen recht, scheint die Sonne, aber ebenso, wenn es regnet; Sie verwünschen Ihre Erkältung nicht, sondern nehmen sie einfach hin; Sie ärgern sich nicht über den launischen Arbeitskollegen und sind freundlich zu ihm, und unzählige weitere Situationen. Einiges mehr darüber erfahren Sie dann noch in Abschnitt 4.

→ Siehe «Affirmationen», Seite 82 f

Selbsteinschätzung der vitalen Bedürfnisse

Wir neigen dazu, unsere Bedürfnisse überzubewerten und unser Glück davon abhängig zu machen, ob sie befriedigt werden oder nicht. Gerade in einer Partnerschaft ist es wichtig, sich im Klaren zu sein, welche Bedürfnisse *tatsächlich* vital sind. Listen Sie deshalb in der Tabelle 1 einmal auf, was *für Sie persönlich in Ihrem Leben, unabhängig von Ihrer Liebesbeziehung*, existentiell wichtig ist. Existentiell wichtig bedeutet: Ohne dieses Element wäre ihr Leben erbärmlich, armselig, unvorstellbar bis kaum lebenswert. (Die selbstverständlichen vitalen Bedürfnisse, wie genug zu essen, ein Dach über dem Kopf und Ähnliche sollen hier nicht berücksichtigt werden.)

Beispiele für vitale Bedürfnisse: Kinder, die Religion, die Pflege der behinderten Schwester, ein bestimmter Wohnort, …

Die Tabellen haben jeweils zwei Spalten, damit auch Ihr Partner sie ausfüllen kann und Sie danach über die Gemeinsamkeiten und/oder Unterschiede diskutieren können.

Tabelle 1: Vitale Lebensbedürfnisse

Ich	Partner

Es stehen Ihnen absichtlich nur vier Zeilen zur Verfügung; mehr echte vitale Bedürfnisse scheinen mir unrealistisch.

Nun tragen Sie in Tabelle 2 Ihre vitalen Bedürfnisse *im Zusammenhang mit Ihrer Partnerschaft* ein. Dabei müssten Sie logischerweise auch sämtliche Bedürfnisse aus Tabelle 1 übernehmen; ist dies nicht der Fall, sollten Sie darüber nachdenken:

- Ob Sie nur Ihrem Partner zuliebe bereit sind, darauf zu verzichten. Falls ja, glauben Sie, dass Sie langfristig mit diesem Kompromiss leben können? Glücklich sein? Oder wird Ihre Seele eines Tages aufbegehren?
- Oder ob Ihre Einschätzung beim Ausfüllen von Tabelle 1 nicht ganz korrekt war. In diesem Fall sollten Sie nochmals gründlich überlegen, was Sie von Ihrem Leben erwarten und was für Sie tatsächlich existentiell ist.

Beispiele für vitale Bedürfnisse in der Partnerschaft sind Treue, Zärtlichkeit, Respekt, ... Es soll sich um Bedürfnisse handeln, ohne deren Befriedigung die Partnerschaft für Sie nicht lebenswert ist und nicht eingegangen werden darf beziehungsweise aufgelöst werden muss.

Tabelle 2: Vitale Bedürfnisse in der Partnerschaft

Ich	Partner

Delegation des Glücks

Wir leben im Irrglauben, etwas oder jemand könne uns glücklich machen. Der italienische Schriftsteller Sandro Veronesi hat in seinem Roman «Caos calmo» sehr treffend geschrieben: «Nessuno può farti star bene se il bene non è già in te» (niemand kann dich glücklich machen, wenn das Glück nicht schon in dir ist). Tatsächlich kann niemand und nichts uns glücklich machen, nur wir selbst vermögen es. Und zwar nicht, indem wir das erlangen, von dem wir meinen, wir brauchten es zu unserem Glück – denn jedes gestillte Ich-will zieht das nächste nach und damit wieder eine gewisse Unzufriedenheit, bis es sich erfüllt, dann taucht das nächste Ich-will auf und so weiter und so fort.

Besonders in einer Liebesbeziehung neigen wir dazu, an den Partner die Aufgabe zu delegieren, uns glücklich zu machen, indem er sich unserer Ich-will annimmt. Derjenigen Ich-will, die in irgendeiner Art und Weise mit ihm zusammenhängen und deren Verwirklichung deshalb nicht (allein) in unserer Macht liegt. Zärtlichkeit, beispielsweise, gute Gespräche, die Probleme teilen, Geschenke machen, uns verstehen, trösten, auf Händen tragen, unangenehme Pflichten abnehmen und und und.

«Wäre mein Partner liebevoller/einfühlsamer/offener/treuer/..., dann wäre ich glücklich.» «Würde mein Partner meine Interessen teilen/mehr mit mir zusammen unternehmen/stärker auf mich eingehen/..., könnte ich ihn mehr lieben.» «Hätte mein Partner weniger Vorbehalte gegen meine Familie/Freunde/Vorlieben/..., dann ginge es mir besser.» «Könnte mein Partner auf sein zeitraubendes Hobby verzichten/seine berufliche Karriere konsequenter vorantreiben/ unser Haus schneller renovieren/..., dann wäre unsere Beziehung harmonischer.»

Wäre würde hätte könnte... Wäre er, würde er, hätte er, könnte er, ich wäre trotzdem nicht glücklich. Glück – oder besser Zufriedenheit – liegt in uns selbst und nur aus uns selbst können wir sie schöpfen. Oder kennen Sie etwa niemanden, der alles hat, was man sich wünschen kann, und dennoch nicht glücklich ist? Und niemanden, der in einer schwierigen Situation lebt und den man trotzdem immer mit leuchtenden Augen und einem Lächeln auf den Lippen sieht? Es hört sich banal an, ich weiß, aber es ist eine tiefe Wahrheit: →Wenn du nicht hast, was du liebst, dann liebe, was du hast. Und sei glücklich damit.

→ Zum Gleichmut siehe Seite 80.

Missbrauchte Nachgiebigkeit?

«Wenn ich mich nicht selbst um die Erfüllung meiner Wünsche küm-
mere, bekomme ich gar nichts.» Diese Ansicht ist weit verbreitet,
aber sie hindert uns unter anderem daran, ein eigenes Bedürfnis
zurückzustellen und dasjenige des Partners zu stillen. Doch diese
Meinung stimmt nicht: Ist uns nicht schon x-mal etwas zugeflogen,
ohne dass wir uns vorher darum bemüht oder eine Gegenleistung
erbracht haben? Wissenschaftlich ist es zwar nicht erwiesen, aber
zeigt uns nicht die Erfahrung, dass das Gute, das wir tun, irgendwie,
irgendwann auf uns zurückkommt? Und dieses Gute sogar die Macht
besitzt, andere Menschen zu berühren und zu verändern? Geben wir
jemandem, ohne dass er sich selbst darum kümmern oder gar ringen
muss, wird er lernen zu geben. Nach dem Motto: «Behandle andere
so, wie du von ihnen behandelt werden willst.» Verhielten sich alle in
dieser Weise, so wäre es gewiss der einfachere Weg, als ständig für
die eigenen Wünsche zu kämpfen.

→ *Goldene Regel* der angewandten Ethik, in analoger Formulierung auch in der Bibel, im Koran, in der Thora und in philosophischen Texten westlicher und östlicher Kulturen zu finden.

Natürlich wissen wir, dass nicht alle so denken und handeln.
Darauf gründet unsere Angst, ausgenutzt zu werden. Wir meinen,
wenn wir den kleinen Finger reichen, gleich die ganze Hand zu verlieren. Dieses Risiko besteht, das lässt sich nicht leugnen. In einer
Liebesbeziehung ist es in der Regel jedoch nicht so groß, wie wir
befürchten. Kommen wir dem Partner nämlich entgegen – aus Liebe,
versteht sich, nicht aus Berechnung oder Verlustangst –, so bringen
wir in die Beziehung eine starke positive Energie ein, der er sich nicht
zu entziehen vermag. Auf die Dauer wird es ihm nicht möglich sein,
unserem Beispiel nicht zu folgen und unsere Gutmütigkeit zu miss-
brauchen.

Sollte dies dennoch geschehen und versucht er, uns auszunutzen,
dann haben wir wenigstens die Gewissheit erlangt, dass diese Partnerschaft es nicht wert ist, weitergeführt zu werden. Dann hätte aber
eine Beziehung auf Deal-Basis auch keine Chance: Mit einem unver-
besserlichen Egoisten kann niemand glücklich leben.

2. Die Ängste

Ein weiteres Hauptmerkmal des Ego ist die Angst. Wir alle haben, stärker oder schwächer ausgeprägt, mehr oder minder bewusst, verschiedene Ängste, die uns zu gewissen Verhaltensweisen treiben und andere verhindern. Allen voran geht die Existenzangst, eine archaische Angst: nicht genug zu essen haben, kein schützendes Dach über dem Kopf, den Naturgewalten, dem Schicksal, dem Leiden durch Krankheit und Tod ausgeliefert sein. Sie umfasst heutzutage mehr als die unmittelbare, elementare Furcht vor dem Tod durch Verhungern oder Erfrieren, die in unseren einigermaßen funktionierenden Sozialstaaten praktisch nicht mehr berechtigt ist; sie bezieht sich ebenfalls auf den sozialen Abstieg, die Angst vor Abhängigkeit von Institutionen oder wohlgesinnten Familienmitgliedern und Freunden und die Verurteilung des Scheiterns durch die Mitmenschen. Ferner gehört dazu die Angst, den Sinn des Lebens oder des individuellen Daseins zu verfehlen, etwas zu versäumen. Im Zusammenhang mit dem Thema dieses Buches bedeutet Existenzangst insbesondere auch, als Folge des finanziellen und gesellschaftlichen Niedergangs den Partner und die Familie zu verlieren. Und damit die Liebe.

→ Spreche ich von der *Angst, nicht geliebt zu werden*, so ist nicht nur Liebe im engeren Sinn gemeint, sondern jede Art von Zuneigung, Zuwendung, Anerkennung.

Denn die →Angst, nicht geliebt zu werden, aus der Gemeinschaft ausgeschlossen, isoliert und einsam zu sein, ist die zweite große Angst des Menschen. Als soziale Wesen brauchen wir die Verbindung mit anderen, das ist für uns nicht bloß ein Nice-to-have, sondern lebenswichtige Nahrung für die Seele, ebenso unerlässlich wie die Verpflegung für den Körper. Für das Kind ist diese Liebe sogar überlebenswichtig, ist es doch viele Jahre lang auf Fürsorge angewiesen, die es bekommt, weil man es liebt.

Die Elternliebe ist im Prinzip «kostenlos», verlangt also keine Gegenleistung. Doch Eltern sind auch nur Menschen, sie haben Erwartungen und stellen Forderungen, und sei es im guten Glauben, das Beste für ihr Kind anzustreben und es richtig zu erziehen. Setzen sie dazu auch nicht ausgesprochene Drohungen wie «Wenn du das nicht tust, hab ich dich nicht mehr lieb» ein, so genügen schon ein enttäuschter Gesichtsausdruck, ein Augenblick der Abweisung, eine Bemerkung wie «Dein Bruder machte es immer besser als du», um im Kind den Zusammenhang zwischen Wohlverhalten und Wertschätzung, also geliebt werden, nachhaltig einzubrennen, und damit die Angst, nicht zu genügen und nicht geliebt zu werden.

Diesem antrainierten Prinzip unterliegen wir später auch mit dem Partner. Allgegenwärtig ist unsere Angst, teilweise nur unbewusst, seine Liebe und ihn zu verlieren. Daher tun wir vieles, um ihm zu gefallen und uns seine Liebe zu «verdienen», bis dahin, uns selbst untreu zu werden. Die Angst vor Liebesentzug maskiert sich als Hingabe, Entgegenkommen, Verständnis, aber →ihr wahres Gesicht sagt: «Ich tue, was du willst, wenn du mich bloß lieb hast», «Schau, was ich für dich mache, damit du bei mir bleibst». Das ist jedoch Abhängigkeit, nicht wahre Liebe!

→ Siehe «Aus Liebe oder aus Angst?», Seite 61.

Dieses hörige Verhalten stehen wir meistens nicht über Jahre durch. Ist die leidenschaftliche Verliebtheitsphase, die es förderte und erleichterte, einmal abgeflaut, fällt es uns zunehmend schwerer, uns zu verbiegen, und macht uns je länger je unzufriedener. Die Unzufriedenheit projizieren wir auf den Liebsten – er ist schließlich schuld daran!

Obwohl wir es wegen der Verlustangst nicht wagen, unser Verhalten grundlegend zu ändern, so trauen wir uns allmählich doch, unserem Unmut Ausdruck zu verleihen, indem wir nörgeln, ihn kritisieren und wegen Kleinigkeiten einen Streit heraufbeschwören. Hat sich die Verlustangst hingegen in der Zwischenzeit merklich verringert, etwa weil wir uns des Partners sicher fühlen, nachdem wir *seine* Abhängigkeit von uns entdeckt haben, oder hat das Fortführen der Beziehung an Bedeutung verloren, werden wir ihm weniger Entgegenkommen und Hingabe schenken und nicht mehr alles für ihn tun. In beiden Fällen nimmt er wahr, dass wir uns zu seinen Ungunsten verändert haben, was er nicht verstehen und vermutlich nicht hinnehmen wird; daraus entstehen Disharmonie und Zwistigkeiten.

Ein weiterer Aspekt der Verlustangst zeigt sich in der Eifersucht, dem tödlichen Gift jeder Partnerschaft. Wir unterliegen dabei der irrigen Ansicht, wir könnten dadurch den Liebsten einschüchtern und ihn sozusagen vorbeugend daran hindern, sich anderen potentiellen Partnern zuzuwenden. Diese Methode funktioniert nicht, das wissen wir doch. Warum wenden wir sie dann trotzdem an? Wo Angst regiert, und sei sie nur unbewusst, schaltet sich der Verstand aus und blinde Emotionen übernehmen das Zepter. Sind wir später wieder klar im Kopf, erkennen wir zwar unseren Fehler, doch schon bei der nächsten Attacke machen wir erneut eine Szene. Selbst wenn der Liebste sich tatsächlich einem anderen Menschen zuwendet: Mit unserer Eifersucht halten wir ihn gewiss nicht davon ab. Wir bewirken höchstens, dass er vorsichtiger wird und wir seine Affären in Zukunft nicht mehr entdecken.

Über die Eifersuchtsszene hinaus äußerst sich die Verlustangst auf vielfältige Weise: ein latentes oder offenkundiges Misstrauen bei allem, was der Liebste tut, und der Versuch, ihn laufend zu kontrollieren; ihm keinen Spaß gönnen, an dem wir nicht beteiligt sind, und seine persönlichen Unterfangen (Hobbys und andere Freizeitbeschäftigungen), die ohne uns stattfinden, verhindern; klettenartiges Anhängen, das ihm jegliche Freiheit raubt. Die daraus entstehenden Spannungen können mit der Zeit so eskalieren, dass die Beziehung früher oder später daran zerbricht.

Es ist eminent wichtig, die Angst vor Liebesentzug und Verlust in den Griff zu bekommen. Es gibt dazu Bücher, allgemeine oder über besondere Aspekte, wie Eifersucht und Kontrollverhalten, ebenso Kurse, und natürlich die persönliche therapeutische Betreuung. Eine entscheidende anhaltende Verminderung oder Bewältigung dieser Angst lässt sich nach meiner Erfahrung nur erlangen, indem wir die →Selbstliebe aufbauen und stärken: In dem Maß, wie die Selbstliebe zunimmt, nimmt die Angst ab.

→ Einen Weg zur Selbstliebe zeige ich in Kapitel XI, Seite 119 ff.

Aus Liebe oder aus Angst?

Sicherlich haben Sie in Ihrem Umfeld schon Paare beobachtet und über den einen Partner gedacht:

«Warum lässt er sich derart tyrannisieren?»

«Sie macht so viel für ihren Freund und bekommt nichts zurück!»

«Ist das ein Pantoffelheld!»

«Sie lässt sich von ihrem Mann aber auch alles gefallen!»

Vielleicht haben Sie sogar selbst die Erfahrung gemacht, dass jemand Sie in dieser Weise kritisierte. Als falsch empfinden wir Zuwendung und Nachsicht dann, wenn bei uns der Eindruck entsteht, die Bilanz von Geben und Nehmen stimme nicht.

Zweifellos gibt es zahlreiche Menschen, die von anderen abhängig sind, sich ausnutzen und allerlei gefallen lassen, anstatt sich zu wehren und zu sich selbst zu stehen. Auf der anderen Seite wirkt es auf Außenstehende aber zuweilen nur wie Unterwürfigkeit, wenn jemand den Partner mit Liebe überhäuft und ihm manches verzeiht.

Der entscheidende Unterschied liegt in der Motivation: Tun wir etwas aus reiner Liebe, ist es rein. Es tut nicht weh und hat keine Konsequenzen für die psychische und physische Gesundheit. Sieht es von außen auch so aus, als hätten wir ein Opfer erbracht, so wissen wir, dass es sich nicht darum handelt, sondern um ein Geschenk. Und das schmerzt nie, vielmehr lässt es uns eine tiefe innere Zufriedenheit und Ruhe fühlen. Tun wir etwas hingegen aus Abhängigkeit oder Angst, also um den Partner nicht zu verärgern oder zu verlieren oder weil wir Konsequenzen und Konflikte scheuen, dann erniedrigen wir uns. Das ist falsch und schmerzt.

Achten Sie deshalb auf die Situationen, in denen Sie etwas für Ihren Liebsten tun oder sich etwas «gefallen lassen».

• Fragen Sie sich jeweils: «Tue ich es, weil ich Angst habe vor Konsequenzen, vor Konflikten, nicht mehr geliebt zu werden, den Partner zu verlieren?» Jegliche Angst, egal wovor, deutet darauf hin, dass Sie es nicht aus Liebe tun.

• Wenn Sie sich darnach Vorwürfe machen, wütend auf sich selbst oder den anderen sind, sich schlecht fühlen, ist dies ebenfalls ein Zeichen dafür, dass Sie nicht aus Liebe gehandelt haben, sondern aus Abhängigkeit/Angst.

• Spüren Sie, aus reiner Liebe etwas für den Partner tun oder «erdulden» zu wollen, dann sollen Ihr Verstand oder Ihr Stolz Sie nicht daran hindern. Und lassen Sie sich von niemandem einreden, man nutze Sie aus und Ähnliches.

3. Die Triebe

Als evolutionärer Nachkomme der Affen – und all seiner Vorfahren bis zurück zum Einzeller – ist der Mensch, trotz seines Geistes und Intellekts und der kulturellen, ethischen, moralischen Errungenschaften der Zivilisation, ein weiterentwickeltes Tier. Und zwar sowohl das Männchen als auch das Weibchen, obwohl Frauen das Animalische zuweilen nur oder vorwiegend dem Mann zuschreiben.

Viele Instinkte, selbst nützliche, haben wir im Lauf der Evolution verloren, nicht aber gewisse Triebe. Neben dem Lebenserhaltungstrieb wirkt beim Menschen vor allem der →Sexualtrieb. In einer Liebesbeziehung birgt er ein hohes Konfliktpotential, zumal er bei Mann und Frau Unterschiede aufweist, wie zahlreiche Studien zeigen.

→ Siehe «Der Sexualtrieb», Seite 68 f.

Lebenslang monogam lebende Arten gibt es im Tierreich, vor allem unter den Vögeln, etwa die Störche und Geier. Bei der Mehrheit der Säugetiere (man schätzt bei 95 Prozent) hingegen hält sich das Männchen entweder einen Harem oder zieht nach der Paarung oder einer zeitlich begrenzten Mithilfe bei der Aufzucht der Jungen weiter zu neuen Partnerinnen, die es begatten kann, oder Männchen und Weibchen leben in Gruppen mit freiem Paarungsverhalten.

Die Vermutungen der Anthropologen, inwieweit unsere stammesgeschichtlich unmittelbaren Vorfahren monogam lebten, variieren stark und gehen je nach Untersuchung von 20 bis 50 Prozent der sozialen Gesellschaften aus. Da es natürlich keine Daten darüber gibt, wurden zeitgenössische «primitiv» lebende Gemeinschaften studiert, und man kam zu dem Schluss, dass Seitensprünge und Partnerwechsel bis in die Urgeschichte zurück ein Merkmal des menschlichen Paarungsverhaltens darstellten.

3.1 Der Trieb des Mannes

Das Ziel des Männchens ist es, möglichst viele Weibchen zu begatten, um seine Gene weiterzugeben, und aus biologischer Sicht sind dem bis ins hohe Alter kaum Grenzen gesetzt. Dieser angeborenen Promiskuität des Mannes wird durch soziale, moralische und religiöse Normen Einhalt zu gebieten versucht: Die eheliche Treue gehört zu unseren fundamentalen Werten.

Ich lasse an dieser Stelle →andere Aspekte männlicher Promiskuität wie der Drang nach Abwechslung und Vergnügen, die auf die Frau ebenfalls zutreffen, außer Acht, denn sie gehören zu den Ich-will, und der Mann kann sie mit Verantwortungsbewusstsein und Willenskraft leichter in den Griff bekommen als den angeborenen Sexualtrieb.

→ Diese Aspekte behandle ich in Abschnitt 4, «Das Drama des Lebens», siehe Seite 74 ff.

3.2 Der Trieb der Frau

Das Weibchen kann innerhalb einer biologisch festgelegten Zeitspanne nur eine bestimmte Anzahl Junge auf die Welt bringen und aufziehen. Von Natur aus sucht es sich deshalb den stärksten, gesündesten Partner aus, damit gesunde, starke Nachkommen mit hoher Überlebenschance aus der Verbindung hervorgehen.

Heutzutage zögert die Frau den Kinderwunsch aus beruflichen und anderen rationalen Gründen zwar oft hinaus, doch unbewusst (oder triebhaft) ist er, wenn auch mit dem Alter abnehmend, in der fruchtbaren Phase zwischen der Pubertät und der Menopause stets präsent. Dann fühlt die Frau sich →instinktiv angezogen von starken, gesunden Männern, die genetisch zu ihr passen; findet sie einen solchen Partner, geht sie eine Beziehung ein und gründet mit ihm eine Familie, ungeachtet dessen, ob er in Bezug auf Temperament, Interessen, Wertvorstellungen und mehr ebenfalls zu ihr passt.

→ Siehe «Die Anziehungskraft» Seite 70 f.

Ist das Bedürfnis nach Nachwuchs einmal gestillt, treten wieder andere Werte in den Vordergrund wie generell bei der Frau, die sich nicht mehr im gebärfähigen Alter befindet. Nicht mehr der starke, gesunde Mann ist wichtig, heutzutage nicht einmal in seiner Funktion als Ernährer, da er bei einer Trennung ja zur Unterstützung der Familie von Gesetzes wegen verpflichtet ist und die Frau durch ihre berufliche Tätigkeit teilweise auch selbst für den Lebensunterhalt sorgen kann. Die Frau sehnt sich jetzt vermehrt nach Selbstverwirklichung – was auch immer sie darunter verstehen mag – und nach einem Partner, der auf sie eingeht, sie versteht, mit ihr redet, ihre Interessen und das Leben intensiver mit ihr teilt, vielleicht nach einer anderen Form von Zärtlichkeit, Erotik und Sexualität. Besitzt der starke, gesunde Erzeuger ihrer Kinder die neu geforderten

Eigenschaften, dann wird sie mit ihm die Beziehung glücklich fortsetzen. Andernfalls fühlt sie sich mehr und mehr unzufrieden und unerfüllt – und von anderen Männern angezogen, die ihrem neuen Partnerbild besser entsprechen. Begegnet sie diesem Typ Mann, ist die Chance groß, dass sie sich auf eine neue Beziehung einlässt, entweder in außerehelicher Form oder indem sie sich vom bisherigen Partner trennt.

3.3 Die Beherrschung der Triebe

Unter meinen engen Freunden finden sich viele langjährige Beziehungen mit dreißig und mehr Ehejahren, glückliche Paare, die zueinanderstehen, sich achten und lieben. Inwiefern es bei ihnen irgendwann zu Untreue gekommen ist, weiß ich allerdings nicht. Falls ja, dann haben sie es unter vier Augen gelöst, einander verziehen, ehrlich, von Herzen, sodass nichts nach außen gedrungen ist.

In meinem Bekanntenkreis gab und gibt es jedoch auch mehrere Männer, die ihre Frau betrügen, sei es durch wiederholte Seitensprünge, sei es durch eine teilweise über viele Jahre geführte Nebenbeziehung. Und ich kenne ebenso viele Frauen, die ihre Männer betrogen oder verlassen haben und dabei teilweise äußerst hart und egoistisch vorgegangen sind, sogar ohne Rücksicht auf die Kinder.

→ Diese Ausführungen betreffen die Mehrheit der Männer und Frauen; dass es auch andere Möglichkeiten gibt, versteht sich.

Die →Untreue des Mannes und diejenige der Frau unterscheiden sich in der Regel allerdings in ihrer Motivation. Steht beim Mann der natürliche Sexualtrieb im Vordergrund, oft begleitet von einem Eroberungsdrang, so ist es bei der Frau eher der Wunsch nach Nähe und Wärme. Beiden Geschlechtern ist zudem eigen, dass es sich um die Suche nach Wertschätzung, Zuwendung und Zärtlichkeit handeln kann – oder schlicht um die Befriedigung der Lust. Was aber folgt aus den obigen Erörterungen für uns, wenn wir in einer festen Beziehung leben? Reden wir zuerst über den Mann.

Fühlt er sich von einer anderen Frau angezogen, so muss er sich ehrlich fragen, ob es um mehr geht als um ein sexuelles Abenteuer. Hat er sich tatsächlich verliebt, dann wird es kompliziert, denn in diesem Fall läuft vermutlich der Entscheidungsprozess an, ob er bei seiner bisherigen Partnerin bleiben oder sich von ihr trennen und mit der neuen Frau eine Beziehung führen will. Erkennt der Mann hingegen, dass es nur das Triebhafte in ihm ist, dann... ja, dann ist es zwar nicht kompliziert, dafür aber schwer. Der Zeugungstrieb ist zuweilen sehr stark und daher besonders verführerisch. Klar ist: Der Mann sollte ihm nicht nachgeben. Ein Patentrezept, wie er ihn überwinden und seiner Partnerin treu bleiben kann, habe ich allerdings nicht. Aber einige Anregungen, einerseits wie der Verstand, der als Erster eingreifen muss, (vielleicht) das triebhafte Ich in Schach halten kann, andererseits wie das Unbewusste sich günstig beeinflussen lässt. Die folgenden Maßnahmen sind sowohl in der unmittelbaren, akuten Situation der Versuchung als auch bei bloßen Gedankenspielen anzuwenden.

• Machen Sie sich klar, wie unwichtig der Seitensprung in Wirklichkeit ist: Ein paar Stunden Lust, die schnell verblassen. In etwa ebenso schnell wie der Genuss eines köstlichen Essens, sobald man satt ist. Reicht die rationale Abwägung zwischen einem kurzen Vergnügen und den möglicherweise schwerwiegenden Folgen auch meistens nicht aus, so dient eine (längere) mentale Auseinandersetzung mit dem triebhaften Ich vielleicht dazu, dass die Gelegenheit zum Seitensprung in der Zwischenzeit verflogen ist. Und sie ist eine unerlässliche Basis zur Überlistung des Unbewussten.

• Mit Überzeugung «Nein!» sagen: Um der Versuchung zu widerstehen, muss der Mann es *wirklich* wollen. Halbherzigkeit ist in diesem Fall gar nichts wert. Es hilft, ein Nein tatsächlich laut auszusprechen, zu sich selbst, oder zumindest in Gedanken mehrmals nachdrücklich zu wiederholen.

• Ein paar einfache →psychologische Tricks – mit erstaunlicher Wirkung! – anzuwenden, lohnt sich ebenfalls:

– Redensartlich lassen wir *etwas links liegen*, wenn es uns nicht interessiert. Wenden Sie darum der «Versuchung» ihre linke Körperseite zu, dann wird Ihr Unbewusstes sie als weniger interessant einstufen (das funktioniert übrigens ebenfalls mit einem Stück Kuchen).

– Auch Gesten wirken auf das Unbewusste. Nehmen Sie eine abwehrende Haltung ein, sei es, dass Sie die Arme vor der Brust verschränken, die Hand zu einem Stoppzeichen

→ Einige dieser Tricks verdanke ich dem empfehlenswerten Buch «Warum Einstein niemals Socken trug» von Christian Ankowitsch.

vor sich erheben oder eine wegwerfende Bewegung in Richtung der «Versuchung» machen.

– Eine körperliche Abkühlung kühlt auch heiße Gefühle ab: Halten Sie einen eisigen Drink (aber keinen enthemmenden alkoholischen!) in der Hand und trinken Sie ihn langsam oder setzen Sie sich, falls sich Gelegenheit dazu bietet, der Kälte am offenen Fenster oder vor der Tür aus.

Diese Methoden wirken ebenfalls, wie gesagt, wenn die «Versuchung» nicht anwesend ist und Sie sich nur gedanklich damit beschäftigen. Dann können Sie die Situation vor Ihrem geistigen Auge visualisieren und die Abwehrmaßnahmen in Ihrer Vorstellung durchführen.

• Nehmen Sie Abstand von der «Versuchung», bildlich gesprochen zwar auch, vor allem aber wörtlich. Je näher Sie sich befinden, desto stärker wirkt die →Anziehung, unter anderem aufgrund des unbewusst wahrgenommenen Körpergeruchs, der Ihnen signalisiert, dass es sich um eine geeignete Partnerin handelt.

→ Siehe «Die Anziehungskraft», Seite 70.

→ Siehe «Ansteckende Empfindungen», Seite 72.

• Ziehen Sie auch in Erwägung, dass es vielleicht nicht Ihre *eigene* Lust ist, die Sie spüren. Empfindungen sind nämlich →ansteckend wie ein Virus, nur schneller: Es ist durchaus möglich, dass die Frau, von der Sie sich vermeintlich angezogen fühlen, ein starkes Verlangen nach Ihnen hat und dieses lediglich auf Sie übergesprungen ist. Wäre die Frau gar nicht an Ihnen interessiert, würden Sie möglicherweise nichts empfinden. Das logische rationale Argument daraus: Sie lassen sich doch nicht auf etwas ein, das *Sie* gar nicht wollen und Ihnen von einem anderen aufgezwungen wird!

• Und das Allerwichtigste: *Sofort* stoppen! Reichen wir dem Trieb den kleinen Finger, besitzt er blitzschnell den Arm und sogleich den ganzen Körper. Das bedeutet: Ziehen Sie sich *augenblicklich* zurück, wenn Sie eine andere Frau begehren. Denken Sie nicht: «Ein bisschen Flirten kann ich doch…» Der →Point of no Return liegt bei diesen triebhaften Situationen nämlich sehr nahe beim Startpunkt.

→ Point of no Return = Zeitpunkt, ab dem es kein Zurück mehr gibt.

Nun zur Frau, die natürlich ebenfalls in die Situation geraten kann, sich von einem anderen Mann angezogen zu fühlen. Bei ihr handelt es sich dabei meistens nicht um den Fortpflanzungstrieb (außer sie befände sich in der Lebensphase des Kinderwunsches und der fruchtbaren Zyklusphase). Auf den Aspekt der rein sexuellen Anziehung oder des Eroberungsdrangs gehe ich hier nicht gesondert ein, denn in diesem Fall handelt es sich um die analoge Situation wie oben für den Mann geschildert und könnte/sollte in der gleichen Weise bewältigt werden.

Was die Frau bei einem Seitensprung aber oft viel mehr sucht, ist Wärme, Bestätigung, Wertschätzung, Anerkennung, Sichbegehrtfühlen, auch nur in den Arm genommen werden, ein paar Streicheleinheiten – falls sie dies bei ihrem Partner nicht oder nicht ausreichend bekommt oder ihr Bedürfnis danach →unstillbar ist. Und, wie gesagt, natürlich empfindet der Mann dieses Bedürfnis ebenfalls, und nicht immer ist die feste Partnerin in der Lage, es zu befriedigen. Wir sehen: Manchmal sind die Geschlechter doch nicht so verschieden voneinander.

→ Siehe «Süchtig nach Liebe», Seite 73.

Was ich bereits bei der Angst vor Liebesentzug und Verlust geschrieben habe, gilt auch hier: Erfolgreich und nachhaltig können wir die Suche – oder Sucht – nach Wertschätzung und Geborgenheit nur stillen, wenn wir lernen, uns selbst zu lieben, und nicht mehr auf die Liebe von außen angewiesen sind.

Der Sexualtrieb

Die geschlechtliche Fortpflanzung bildete sich im Lauf der Evolution erst vor 700 bis 800 Millionen Jahren heraus und gilt als Hauptfaktor für die Vielfalt der Arten und die Entstehung höherer Lebewesen. Durch die asexuelle Fortpflanzung, wie bei Einzellern und niederen Organismen, ergeben sich nämlich jeweils nur identische Klone; Mutationen sind geringfügig. Erst die Kombination der Gene zweier Individuen fördert neue Lebensformen und erhöht gleichzeitig die Anpassungsfähigkeit, beispielsweise bei Veränderungen der Umwelt oder gegenüber Krankheitserregern. Das ist der Grund, warum sich die Sexualität evolutionär durchgesetzt hat. Ihre Funktion ist demnach nicht die eigentliche Fortpflanzung – diese funktioniert wie gesagt auch ohne –, sondern die genetische Vermischung.

Die grundsätzlich durch ein hormonelles System, eine weitere Errungenschaft der Evolution, angetriebenen sexuellen Verhaltensweisen sind bei vielen Wirbeltieren, insbesondere bei Affen und Menschen, nicht mehr rein instinktiv gesteuert, sondern beruhen auf bewussten Entscheidungen, wodurch ihnen zudem eine soziale Bedeutung zukommt. Offenbar eine wichtige Bedeutung im menschlichen Leben, betrachtet man die enorme Anzahl an wissenschaftlichen Studien zur Sexualität und die ständige mediale Präsenz des Themas in den vielfältigsten Ausprägungen. Eine Frage, mit der man sich immer wieder beschäftigt: Unterscheiden sich der Mann und die Frau in ihrem Sexualtrieb und -verhalten und falls ja, warum und worin genau? Nun, es gibt zahlreiche Studien, die es bejahen. Einige Ergebnisse wissenschaftlicher Untersuchungen stelle ich im Folgenden vor.

• Ich beginne am Schluss, beim Orgasmus, weil sich dabei die Funktion und die Wirkung der mitspielenden Hormone anschaulich erklären lässt. →Beim Orgasmus schüttet der Körper der Frau viel Oxytocin aus, was intensive Liebesgefühle, das Bedürfnis nach körperlicher Nähe und Umarmung auslöst – sie möchte kuscheln. Auch der Mann verfügt über Oxytocin, doch dessen Wirkung wird vom «Männlichkeitshormon» Testosteron weitgehend unterdrückt und die Hormonproduktion sinkt nach dem Orgasmus generell stark ab: Der Mann braucht jetzt tatsächlich Ruhe – er möchte am liebsten gleich einschlafen.

• Gleich zurück auf Anfang: Dabei ist das Wohlfühlhormon →Serotonin für einen weiteren Unterschied zwischen den Geschlechtern verantwortlich. Serotonin ist zwar kein Sexualhormon, spielt aber bei der Liebe indirekt dennoch eine wichtige Rolle: Es bewahrt vor Selbstzweifeln und verleiht Mut. Nun läuft bei Frauen die Produktion von Serotonin wesentlich langsamer an als bei Männern. Auf die Erotik wirkt sich dies so aus, dass sich Männer dank Serotonin für sexuell

→ Untersuchungen von Shelley Taylor, Universität Los Angeles.

→ Metastudie von A. Feingold und R. Mazzella in «Psychological Science» beruhend auf 222 Untersuchungen über 50 Jahre.

anziehend halten, unabhängig von der Realität, während Frauen an ihrem Körper und Aussehen zweifeln und relativ unsicher sind. Dieses starke männliche Selbstbewusstsein wird von Frauen zuweilen als überheblich empfunden und kann bei einer erotischen Annäherung des Mannes zur Abweisung führen.

• Zu Beginn der Beziehung schlafen Paare oft miteinander, sogar mehrmals täglich, beide haben ständig Lust. Wie eine große →Umfrage der Southampton University im Jahr 2017 bei 4839 Männern und 6669 Frauen zeigte, nahm das Interesse am Sex bereits nach einem Jahr Beziehung bei 34 % der Frauen ab, aber nur bei 15 % der Männer. Es betraf vor allem Frauen, die innerhalb dieses Jahres ein Kind auf die Welt gebracht oder ein Kind unter fünf Jahren hatten. Anders als beim Mann war das Kind für die Frau der Mittelpunkt des Lebens; als weitere Gründe für die Lustlosigkeit gaben die Frauen fehlende emotionale Nähe, mangelhafte Kommunikation innerhalb der Beziehung und Gesundheitsprobleme an.

→ National Survey of Sexual Attitudes and Lifestyles (Natsal-3).

Dass Frauen weniger Sex wollen als Männer und umso weniger, je länger die Beziehung dauert, legte schon im Jahr 2011 eine →Studie der University of Guelph in Kanada nahe.

→ Studie mit 170 Männern und Frauen zwischen 18 und 25 Jahren.

• Noch ein Unterschied beim Sexualtrieb zwischen den Partnern während der Beziehung: Bei der Frau wirkt sich eine Trennung von wenigen Tagen nicht auf das sexuelle Verlangen aus, beim Mann steigt es markant. Männer in einer festen Beziehung produzieren nach einer kurzen Trennung dreimal so viel Sperma wie Männer, die im gleichen Zeitraum auch keinen Sex hatten, aber zu Hause bei der Partnerin waren.

Es gibt natürlich ebenfalls Wissenschaftler, welche die Unterschiede zwischen den Geschlechtern für nicht so bedeutend halten und sie, wenn schon, eher auf die unterschiedliche Sozialisation zurückführen. Ich persönlich, gestützt auf meine eigenen Beobachtungen und meine Lebenserfahrung, bin nicht nur davon überzeugt, dass Unterschiede existieren, sondern auch, dass sie recht groß und somit für einige Probleme und Spannungen in der Partnerschaft verantwortlich sind.

Die Anziehungskraft

Warum fühlen wir uns von einigen Männern/Frauen angezogen und von anderen nicht? Fragt man Neuverliebte, so erhält man die unterschiedlichsten Antworten von «er hat schöne Augen» bis «sie ist einfach sexy». Der Volksmund erklärt es uns mit «Gegensätze ziehen sich an» oder «Gleich und Gleich gesellt sich gern».

Tatsächlich gibt es dafür eine viel «primitivere» Erklärung, die für Tiere und Menschen gleichermaßen gilt und sich ebenfalls in zwei Redensarten widerspiegelt: «Die Chemie zwischen uns stimmt» und im umgekehrten Fall «können wir jemanden nicht riechen». Obwohl wir den Geruch meistens *nicht bewusst* wahrnehmen, wirkt er dennoch auf uns anziehend oder abstoßend. Er breitet sich in einem Umkreis von ein bis zwei Metern um einen Menschen aus und verrät sein genetisches Profil. Angezogen fühlen wir uns, wenn die Gene des Gegenübers, vor allem die Immungene, unsere eigenen gut ergänzen, damit gesunde, widerstandsfähige Nachkommen gezeugt werden. Als interessantes Detail: Die italienische Redewendung bezieht sich nicht auf den Geruchssinn der Nase, sondern auf die Haut. Man sagt *è questione di pelle* (es ist eine Frage der Haut), dass man jemanden mag oder nicht. In der Tat verfügt auch die Haut über Duftrezeptoren und reagiert darauf; ob sie jedoch bei der sexuellen Anziehung ebenfalls mitspielen, ist meines Wissens nicht untersucht.

→ C. Wedekind et al.: MHC-dependent mate preferences in humans. Universität Bern, 2007.

→ Der MHC (Major Histocompatibility Complex = Hauptgewebeverträglichkeitskomplex) umfasst Gene, die für die immunologische Individualität wichtig sind.

Gut belegt ist hingegen, wie präzis wir die richtigen Partner «herausriechen» können. Bekannt ist vor allem eine → Studie der Universität Bern. Männliche Studenten trugen in zwei aufeinanderfolgenden Nächten ein T-Shirt; tags darauf mussten Frauen den Geruch der T-Shirts bewerten. Es zeigte sich, dass sie diejenigen T-Shirts als angenehmer duftend bewerteten, die von den Männern stammten, deren → MHC sich vom eigenen unterschied; bei diesen gaben sie auch an, dass sie sie an den gegenwärtigen oder an vergangene Partner erinnerten.

Eine ebenso feine Nase haben Männer in Bezug auf das weibliche Geschlecht: Sie fühlen sich von Frauen in der fruchtbaren Phase um den Eisprung besonders angezogen, wie eine Studie der finnischen Universität Jyväskylä beweist. Hier waren es Frauen, die ein T-Shirt zwei Nächte lang trugen; danach mussten Männer die sexuelle Attraktivität und die Intensität des Geruchs beurteilen. Die T-Shirts der fruchtbaren Frauen dufteten für sie besonders verführerisch. Ließ man hingegen Frauen an den T-Shirts schnüffeln, schafften sie es nicht, die fruchtbaren Frauen zu identifizieren.

→ University of New Mexico, 2007.

Einige weitere interessante Fakten dazu. → Experimente des Psychologen und Evolutionsbiologen Geoffrey Miller zeigten, dass Striptease-Tänzerinnen an den Tagen um ihren Eisprung bis zu 150 Dollar mehr Trinkgeld als an anderen Tagen bekamen. Dies lässt sich darauf zurückführen, dass die Gesichtszüge der Frauen in der Phase der Fruchtbarkeit weicher werden und ihre Bewegungen fließender.

In der →fruchtbaren Zeit finden Frauen den männlichen Schweiß, der das Testosteron-Abbauprodukt Androstenon enthält, erregend, während sie ihn in der übrigen Zeit des Zyklus als Gestank empfinden. Frauen, die mit der Pille verhüten, können hingegen nicht riechen, wer genetisch zu ihnen passt; sie fühlen sich sogar eher von Männern angezogen, die ein ähnliches genetisches Profil aufweisen wie sie selbst. Stellen wir uns also vor, eine Frau verliebe sich in der Phase der Pilleneinnahme und gehe eine Partnerschaft mit diesem Mann ein. Dann beschließt das Paar, Kinder zu haben, die Frau setzt die Pille ab – und riecht den Partner nun wieder, kann ihn im übertragenen Sinn jedoch «nicht mehr riechen», da ihr Körper wieder weiß, dass er genetisch nicht die beste Wahl für gesunden Nachwuchs ist.

→ Quelle: Artikel «Die Macht des Eisprungs» von Heike Kleen in SPIEGEL online, 20.7.2018.

Es ist ferner erwiesen, dass Frauen während des Eisprungs eher den Macho wählen und nicht den liebenswürdigen, einfühlsamen Typ. Stärke und Draufgängertum erachten sie unbewusst wohl eher als geeignet, für die Nachkommen zu sorgen und sie zu beschützen. Das böse Erwachen kommt dann später…

Im Übrigen wird auch die Neigung zu Seitensprüngen hormonell begünstigt. Begünstigt, wohlverstanden, nicht bedingt. Spritzt man einem Mann Testosteron, so wird seine sexuelle Bereitschaft zwar erhöht, aber er muss nicht gleich über jede Frau herfallen. Denn er ist immer noch frei in seinen Entscheidungen.

Anders bei den instinktgesteuerten Tieren, wie →Experimente mit Schafen und Ratten zeigten: Das Dopamin, ein erregend wirkender Neurotransmitter, steigt in den Männchen stark an, lässt man ein Weibchen zu ihnen. Nach der Kopulation sinkt der Wert wieder, selbst wenn das Weibchen weiterhin anwesend ist. Kommt jedoch ein neues Weibchen hinzu, schießt die Dopaminkonzentration nochmals in die Höhe und die Männchen wollen sich erneut paaren.

→ Quelle: Artikel «Hormone» von Ruth Jahn im Unimagazin der Universität Zürich, 3/2006.

Ansteckende Empfindungen

Nicht alles, was wir spüren, wie Angst, Niedergeschlagenheit, Traurigkeit, Freude, aber auch sexuelle Lust, entspringt in jedem Fall in uns. Einerseits sind Empfindungen Schwingungen, die sich ausbreiten; in anderen Menschen erzeugen sie eine Resonanz und werden von ihnen aufgenommen, sind sie dafür empfänglich. Es funktioniert gleich, wie wenn in einem Raum zwei Gitarren stehen: Zupfen wir bei der einen eine bestimmte Saite, so beginnt bei der anderen die gleiche Saite ebenfalls zu vibrieren. Andererseits erzeugen Empfindungen die Ausschüttung bestimmter Stoffe im Körper, die von anderen gerochen werden, bewusst oder unbewusst.

Ein gutes Beispiel dafür ist der Angstschweiß. Als ich den Fallschirmsport schon lange betrieb und angstfrei war, wurde mir im Flugzeug vor dem Absprung dennoch hie und da mulmig. Dieses Gefühl verschwand aber schlagartig, sobald die Anfänger gesprungen waren. Da begriff ich, dass ich ihre Angstschwingung aufgenommen und für meine eigene gehalten hatte.

Wir alle haben solches schon erlebt: Bei bester Laune treffen wir einen Freund und plötzlich fühlen wir uns deprimiert oder traurig. Wir fragen uns dann erstaunt, was denn mit uns los sei. Vielleicht stellt sich im Lauf des Gesprächs heraus, dass der Freund große Probleme hat und verzweifelt ist. Dies haben wir wahrgenommen und das Gleiche empfunden. Analog verhält es sich mit der Fröhlichkeit: Nicht umsonst sagt man, gute Laune sei ansteckend.

Wie sich auch sexuelles Begehren übertragen kann, erzählte mir einmal eine Bekannte: «Ich war mit einem guten Freund, den ich bereits viele Jahre kannte, im Wald spazieren. Zuerst diskutierten wir angeregt über Gott und die Welt, nach einer Weile gingen wir schweigend nebeneinander. Ich genoss die Ruhe und ließ meine Gedanken umherschweifen. Von einer Sekunde auf die andere empfand ich eine starke sexuelle Lust, körperlich im Unterleib, obwohl absolut nichts dergleichen mir durch den Kopf gegangen war und ich noch nie in Erwägung gezogen hatte, mit diesem Mann ins Bett zu gehen. Ich fragte ihn direkt: 'Du hast nicht etwa gerade daran gedacht, dass du mit mir schlafen möchtest?'

Er schaute mich an, als wäre ich eine unheimliche Waldhexe, errötete gewaltig und gab unter tausend Entschuldigungen und Rechtfertigungen zu, es sich tatsächlich kurz vorgestellt zu haben.»

Wir tun also immer gut daran, bevor wir uns auf ein sexuelles Abenteuer einlassen, uns zu vergegenwärtigen, dass das Begehren, das wir spüren, möglicherweise gar nicht aus uns selbst stammt, wir vielmehr vom anderen «verhext» wurden.

Süchtig nach Liebe

In meinem Umfeld ist mir schon einige Male vor Augen geführt worden, wie Beziehungen daran zerbrechen, weil einer der beiden Partner fremdgeht. Neben anderen Gründen für dieses Verhalten liegt einer in der mangelnden Selbstliebe. Denn wer sich selbst nicht liebt, muss sich lieben lassen und sucht sich dazu immer neue Gelegenheiten.

Warum kommt es aber auch vor, dass jemand seinen Partner betrügt, obwohl er von ihm über alles geliebt wird? Genügt ihm denn diese Liebe nicht? Nein, sie genügt tatsächlich nicht. Vor allem Menschen, die als Kind von den Eltern oder anderen Bezugspersonen subjektiv nicht ausreichend Liebe erfahren und/oder gelernt haben, sich Liebe zu erkaufen, sind geradezu süchtig danach. Sie machen alles, um ein bisschen Liebe zu bekommen. Meistens sind sie sich dessen gar nicht bewusst.

Ist die Liebe des Partners nach der rosaroten Verliebtheitsphase zur Selbstverständlichkeit geworden, kommt der Hunger nach Liebe wieder auf; bietet sich eine Möglichkeit, wird er gestillt. Doch diese neue Liebe ist ebenfalls dazu verdammt, nach einer gewissen Zeit nicht mehr zu genügen, es folgt eine nächste und noch eine... Sogenannte Liebe wird regelrecht gesammelt – das Herz, der «Sammelbehälter», wird aber nie voll, egal wie viel Liebe man hineingibt.

Ein analoges Phänomen ist das aussichtslose Bemühen erwachsener Kinder, doch noch die Wertschätzung und/oder Liebe der Eltern/ eines Elternteils zu bekommen, die ihnen bislang versagt geblieben ist. Bei einem Freund, Mitte 40, konnte ich es gut beobachten. Er hatte studiert und sich eine angesehene berufliche Stellung erarbeitet. Schließlich gründete er ein eigenes Unternehmen, das schon bald erfolgreich war und über hundert Mitarbeitende beschäftigte.

«Wieso kann mir mein Vater nicht sagen: 'Gut gemacht!' Wenigstens einmal!», meinte er niedergeschlagen an der Feier zum fünfjährigen Bestehen der Firma.

Sein Leben lang hatte er alles Mögliche versucht, um von seinem Vater ein lobendes Wort zu hören – vergeblich. Eigentlich wäre er gern Bildhauer geworden, er ist künstlerisch begabt; aber um seinem Vater nicht zu missfallen und in der Hoffnung, dieser könnte ihm irgendwann seine Liebe doch noch zeigen, schlug er seinen gleichen Weg ein und wurde Unternehmer.

Glücklich war er dabei nicht – und in seinem «Sammelbehälter», in den die Liebe seiner Frau und seiner Kinder reichlich floss, fehlte ihm immer die Liebe des Vaters.

4. Das Drama des Lebens

Der bekannte Philosoph Schopenhauer nennt den Schmerz und die Langeweile die beiden großen Feinde des menschlichen Glücks. Die Überwindung der Langeweile zählt er zu den vitalen Bedürfnissen: →Es ist die «[...] innere Leerheit, welche die wahre Quelle der Langenweile ist und stets nach äußerer Anregung lechzt, um Geist und Gemüt durch irgendetwas in Bewegung zu bringen. [...] Hauptsächlich aus dieser inneren Leerheit entspringt die Sucht nach Gesellschaft, Zerstreuung, Vergnügen und Luxus jeder Art, welche viele zur Verschwendung und dann zum Elend führt.»

Tatsächlich ist Eintönigkeit, und sei es die Art Eintönigkeit, in der wir uns zufrieden fühlen, dem emotionalen Ego ein Gräuel. So sagen Menschen oft zu mir: «Du mit deinem Gleichmut und deiner ewigen inneren Zufriedenheit, wie langweilig! Es sind doch die Höhen und Tiefen das Salz und der Pfeffer des Lebens.» Wobei sie das nur denken, wenn sie sich gerade im Hoch befinden – stecken sie in der Krise, wünschen sie sich nichts sehnlicher, als ihr so schnell wie möglich zu entfliehen.

Die andere Aussage, die ich häufig zu hören bekomme: «Hochs und Tiefs, so ist das Leben nun einmal.» So muss es aber nicht sein! Doch solange der Mensch im →Drama des Lebens einigermaßen glücklich ist, das heißt solange in der Gesamtbilanz die Hochs subjektiv überwiegen, besteht für ihn meistens kein Anlass, gründlicher darüber nachzudenken und etwas an dieser Einstellung zu ändern.

Wie gesagt, es ist das Ego, das Action und Emotionen will. Es liebt das Drama des Lebens, himmelhoch jauchzend, zu Tode betrübt, egal, Hauptsache nicht gleichmütig. Dabei ist es gar nicht wählerisch: Für einen kurzfristigen →Genuss nimmt es auch schmerzliche Konsequenzen in Kauf, sogar länger anhaltende. Das kann jeder bestätigen, der schon einmal betrunken war und sich am nächsten Tag hundeelend fühlte. Oder eben, um beim Thema zu bleiben, sich auf einen Seitensprung eingelassen und deswegen einen Konflikt mit dem Partner, sogar die Trennung einer glücklichen Beziehung erlitten hat. Das Ego ist dabei so listig, uns vorzugaukeln, die Folgen unseres unvernünftigen Handelns träten möglicherweise, wahrscheinlich, ja bestimmt nicht

→ Arthur Schopenhauer: Aphorismen.

→ Siehe «Gleichmut, der Schlüssel zur Zufriedenheit», Seite 80 f.

→ Siehe «Glücksjäger», Seite 79.

ein. Und die Seele muss es dann ausbaden und leidet. Tatsächlich zieht das emotionale Ego einer eintönigen Zufriedenheit sogar Seelenqualen vor: Dabei handelt es sich um eine starke Empfindung, und jede Empfindung, selbst eine schmerzhafte, ist ihm willkommener als gar keine. Zudem kann es sich in der Opferrolle und im Selbstmitleid suhlen – auch Jammern, die Anteilnahme und Zuwendung der Mitmenschen bringen Farbe in den vermeintlich grauen Alltag. Vielen, wirklich vielen Problemen in einer Paarbeziehung liegt diese Eigenschaft des Ego zugrunde. Nicht nur wenn es die Herausforderung oder die Abwechslung, ja das Prickeln des Risikos bei einem erotischen Abenteuer sucht. Konflikte und Streitereien entspringen zuweilen ebenfalls der Lust des Ego auf Spannung. Oder haben Sie sich bei einer heftigen Diskussion mit Ihrem Liebsten noch nie gefragt: «Musste ich das jetzt unbedingt sagen?», «Welcher Teufel hat mich da geritten?», «Eben saßen wir doch noch friedlich beisammen...».

Gerade wenn alles eine ganze Weile gut funktionierte, keine Schwierigkeiten auftraten, eine selbstverständliche Harmonie herrschte, regt sich dieses Ego-Teufelchen und stichelt und meckert und schimpft und nörgelt, bis wir schließlich mit Worten oder Taten darauf hinwirken, den langweilig-zufriedenen Zustand zu beenden, und wieder Turbulenzen aufkommen. Was übrigens nicht nur innerhalb von Paarbeziehungen geschieht.

Haben wir einmal verstanden, dass in uns etwas ist, das nicht in zufriedener Gleichförmigkeit leben will, obwohl unser Herz, Verstand und unsere Seele genau dies anstreben, so werden wir den Gleichmut mit anderen Augen sehen und ihn nicht mehr für langweilig halten. Im Gegenteil: Wir erkennen, dass der einzige Weg, der Langeweile und dem Überdruss des irdischen Daseins auf Dauer zu entkommen, nicht darin liegt, *draußen* ständig nach einem neuen Kick zu suchen, sondern in uns *drinnen*. Setzen wir die innere Entwicklung als Ziel, wozu unter anderem das Erlernen des Gleichmuts gehört, wird das Leben jeden Tag von Neuem wahrhaft spannend. Und das ist auch der beste Garant für eine glückliche Paarbeziehung.

→ Der Gleichmut
ist ein wichtiges
Thema in meinem
Buch «Karma
Yoga», worin auch
konkrete Tipps
und Anleitungen
aufgeführt sind;
Info Seite 179.

Nun, wie können wir →Gleichmut lernen? Von den Erörterungen auf Seite 55 ausgehend, schlage ich Ihnen eine Übung vor. Eine lebenslange, die aber schon bald erste Ergebnisse zeitigt, denn anders als das Aufbauen der Selbstliebe oder das Ablegen von Verhaltensmustern, die einen langwierigen inneren Prozess bedingen, lässt sich Gleichmut durch ein bisschen Willenskraft und Achtsamkeit sofort erfolgreich praktizieren. Die Übungsanweisung lautet: *Hören Sie auf zu werten!*

• Fangen Sie bei den unbedeutenden Dingen an, beispielsweise beim Wetter: Klagen Sie nicht länger über die Hitze und die Kälte, verwünschen sie nicht den Regen, möchten Sie sonnenbaden, und den heißen Sommer, weil Sie die Blumen gießen müssen, und bemühen Sie sich, jegliches Wetter gleichmütig willkommen zu heißen. Schimpfen Sie nicht, wenn Sie keinen Parkplatz finden, warten Sie einfach geduldig, bis einer frei wird. Seien Sie nicht frustriert, brennt das Essen auf dem Herd an, fangen Sie in aller Ruhe von vorn an. *Es ist immer alles gut, wie es gerade ist.*

• Dann gehen Sie zu anspruchsvolleren Situationen über: Ärgern Sie sich nicht über den Zugausfall, auch wenn Sie deswegen zu spät zur Arbeit kommen und ein Rüffel des Vorgesetzten sie erwartet. Nutzen Sie vielmehr die gewonnene Zeit, um einen Kaffee zu trinken oder die unterschiedlichen Menschen am Bahnhof zu beobachten. Verwünschen Sie die Erkältung nicht, sondern nehmen Sie sie gleichmütig an und stecken Sie Ihre (gedankliche) Energie dafür in die Genesung; lesen Sie während der aufgezwungenen Ruhe das Buch, für das Sie bis anhin keine Zeit gefunden hatten. *Machen Sie aus jeder Situation etwas Positives.*

• Schließlich praktizieren Sie Ihren Gleichmut auch mit den Menschen, bestimmt der anspruchsvollste Teil der Aufgabe, besonders mit dem Partner. Grundsätzlich: Lassen Sie das, was andere sagen oder tun, nicht an sich heran, ärgern Sie sich nicht darüber, fühlen Sie sich nicht angegriffen oder verletzt – denn es hat nichts mit Ihnen zu tun, sondern immer nur mit dem betreffenden Menschen, der nach seiner eigenen Programmierung handelt. Hat also der Partner beispielsweise eine Verabredung vergessen, dann vertreiben Sie augenblicklich Gedanken wie «Ich bin ihm eben nicht wichtig genug», seien Sie weder enttäuscht noch traurig noch verärgert und werfen Sie es ihm nicht vor – selbst wenn es nicht das erste Mal war. *Nehmen Sie nichts persönlich und allzu wichtig, es ist es nicht.*

Nicht mehr zu werten bedeutet auch, sich nicht länger dem *Prinzip von Lust und Unlust* zu unterwerfen, das im Allgemeinen unser Alltagsleben entscheidend bestimmt. Es gibt Dinge, die wir gern tun, und andere, die wir ungern tun, dennoch tun müssen. Letztere schieben wir vor uns her, bis es nicht mehr geht, und erledigen sie dann unwillig und missmutig. Wenn wir bedenken, dass in der Regel ein großer Teil des Tages aus Pflichten besteht, so verbringen wir recht viel Zeit in einer eher negativen Stimmung. Zudem ist das Aufschieben ein Energiefresser, weil wir ja immer wieder daran denken müssen, dass die ungeliebte Aufgabe noch vor uns liegt und wir irgendwann nicht mehr darum herum kommen.

Es ist normal, menschlich, die einen Dinge anderen vorzuziehen. Doch dadurch sind wir dem Drama des Lebens mit seinem Auf und Ab unterworfen und weit entfernt von der anhaltenden Zufriedenheit. Um dem zu entgehen, müssen wir lernen, alles gern – oder zumindest gleichmütig, ohne Abneigung – zu tun. Das ist gar nicht so schwer, es braucht nur ein bisschen guten Willen und etwas Ausdauer, um dabei zu bleiben, bis sich dieses Verhalten als Gewohnheit in uns eingraviert hat.

Wir fassen einen Vorsatz, an den wir uns künftig einfach halten, ohne ihn zu hinterfragen: *Wir machen stets das, was gerade ansteht.* Ob im Haushalt, im Beruf oder in der Freizeit, sobald wir sehen, dass etwas getan werden sollte (und wir *sehen* es, alles andere sind faule Ausreden), dann tun wir es, *sofort, ohne Aufschub.* Das heißt: Wir setzen uns nicht vor den Fernseher, solange in der Küche das Geschirr darauf wartet, gespült zu werden. Wir gehen nicht Tennis spielen, schreien die Kinder nach Hilfe für ihre Hausaufgaben. Wir geben nicht vor, wichtige Arbeiten erledigen zu müssen, um dem unangenehmen Gespräch mit dem Chef zu entgehen. Praktizieren wir diese Regel, alles immer sofort zu erledigen, so wird auch das Zusammenleben mit dem

Partner einfacher und konfliktloser. Im Idealfall halten sich beide daran; macht der Partner jedoch (anfänglich) nicht mit, so soll es uns selbst nicht daran hindern. Wir tun es ja in erster Linie zur eigenen Zufriedenheit. Und mit der Zeit wird er wahrscheinlich nachziehen – unserem guten Beispiel folgend.

Es gibt im Alltag unzählige Chancen und Möglichkeiten, um Gleichmut zu üben, dem Prinzip von Lust und Unlust und damit dem Drama des Lebens zu entgehen. Nutzen Sie diese Gelegenheiten! Sie werden rasch feststellen, wie viel leichter sich Ihr Dasein gestaltet – auch außerhalb der Partnerschaft.

Glücksjäger

Solange du nach dem Glück jagst, bist du nicht reif zum Glücklichsein.

Zitat von Hermann Hesse.

Ein Mann, Mitte 30, erzählte mir einmal, er sei nach einigen Schicksalsschlägen zum Schluss gelangt, dass das Leben zu kurz ist, um zu leiden. Von da an lautete seine Devise: Spaß, Spaß und nochmals Spaß! Er begann, dem Glück nachzujagen und es in Höhepunkten zu suchen und zu finden. Er nannte sie die Hypes. Die unweigerlichen Tiefs dazwischen verdrängte er. Mit der Zeit brauchte er jedoch immer stärkere Reize, auch Drogen, um noch Glücksgefühle zu empfinden, und die Leere in ihm breitete sich immer weiter aus. Erst als er ganz unten angelangt war, schaffte er es, sich von allem abzuwenden und einen neuen positiven Weg einzuschlagen.

Ich bin zutiefst davon überzeugt, dass wir das Recht haben, in diesem Leben glücklich zu sein. (Und ich glaube keineswegs, wie gewisse religiöse Strömungen meinen, dieses Leben müsse ein Jammertal sein, damit wir uns die Seligkeit im Jenseits verdienen.) Es gibt aber Glück und Glück.

Das eine ist das Glück der Hypes – zugleich das Unglück der Hypes. Denn das Ego will Action, Emotionen, egal wie. Jedes Ego ist ein Glücksjäger. So nimmt es auch in Kauf, einen kurzen Augenblick des Hochs mit viel Leid bezahlen zu müssen. Und kann es gerade keine Glücksmomente erhaschen, so sucht es sich sogar leidvolle – Hauptsache es herrscht eine Gemütswallung und nicht die Langeweile der gleichförmigen Zufriedenheit. Diese Glücks- oder Schmerzmomente sind wie eine Droge: Die Dosis muss ständig erhöht werden, damit man überhaupt noch etwas spürt. Einige Menschen, wie der Mann, der mir seine Geschichte erzählte, erkennen mit der Zeit, dass es im Leben mehr gibt als das sogenannte Glück der Hypes. Andere lernen es nicht so schnell und machen lange leidvolle Erfahrungen.

Das andere ist das wahre Glück, besser: die anhaltende Zufriedenheit und Lebensfreude. Diese finden wir, wenn wir in uns selbst ruhen. Dann können wir alles, was die Welt uns schenkt, genießen, ohne jedoch darauf angewiesen zu sein; es tut nicht weh, wenn wir es nicht mehr bekommen oder es uns wieder genommen wird.

Diese innere Ruhe, die Geborgenheit in uns selbst, bedarf neben des Gleichmuts auch der Selbstliebe und des Urvertrauens. Der Selbstliebe, damit wir es wagen, ganz wir selbst zu sein und unseren Weg zu gehen. Und das Urvertrauen schenkt uns die Gewissheit, dass wir es nicht nötig haben, um unser Glück zu kämpfen: Es wird uns immer gegeben, was wir brauchen und uns guttut.

Gleichmut, der Schlüssel zur Zufriedenheit

Den Begriff Gleichmut verwendet man heutzutage eher selten, häufiger spricht man von Gelassenheit, im Buddhismus auch von heiterer Gelassenheit; man setzt diesen Zustand manchmal gleich mit Seelenruhe, innerem Frieden.

Gleichmut hat mit Wertung zu tun. Um das zu erklären, muss ich buchstäblich bei Adam und Eva anfangen. Die beiden Urmenschen lebten im Garten Eden und waren vollkommen glücklich. Sie kannten keine Bedürfnisse und kein Leid, sie bekamen alles, was sie brauchten. Gott hatte ihnen einzig die Frucht vom Baum der *Erkenntnis von Gut und Böse* verboten. Dennoch aßen sie sie, und von da an besaßen sie die Fähigkeit der Unterscheidung: Während zuvor alles gleichermaßen gut gewesen war, empfanden sie nun einiges als gut, angenehm, also erwünscht, und anderes als böse, unangenehm, also unerwünscht. Die Bibel erzählt weiter, Gott habe sie wegen ihres Ungehorsams aus dem Garten Eden gejagt. Die ganze Geschichte ist natürlich symbolisch zu verstehen: Adam und Eva, also die Menschen schlechthin entfernen sich selbst vom Paradies, von der immerwährenden Glückseligkeit, indem sie werten.

Diese Eigenschaft des Unterscheidens entspricht der sogenannten Erbsünde, die der Bibel zufolge von den Urmenschen an ihre Nachkommen weitergegeben wurde. Sie lastet auf uns allen: Wir halten die einen Dinge für schön und die anderen für hässlich, die einen für gut und die anderen für schlecht, die einen für angenehm und die anderen für unangenehm. Die einen wollen wir, die anderen wollen wir nicht. Hier beginnen die Probleme, damit fängt das Leiden an. Nicht nur werden wir unzufrieden, wenn uns versagt bleibt, was wir ersehnen, und uns zustößt, was wir verabscheuen. Schlimmer noch ist, dass wir um der vermeintlich beglückenden Dinge willen und um dem zu entkommen, was wir fürchten, uns auf ungesunde Machenschaften und faule Kompromisse einlassen, bis dahin, uns selbst zu erniedrigen und unsere wahre Wesensart zu verleugnen. Ein Beispiel: Bedeuten uns das schöne Haus, das schnelle Auto, die tollen Ferien überaus viel, dann sind wir von unserer gut bezahlten Arbeit abhängig und werden uns hüten, sie aufs Spiel zu setzen – sogar wenn der Vorgesetzte ungerecht ist, uns mehr und mehr tyrannisiert und erniedrigend behandelt. Wir wehren uns nicht, aus Angst den Job und damit den Wohlstand und den sozialen Status, nicht zuletzt vielleicht auch den Partner, zu verlieren. Sind wir hingegen gleichmütig, so lassen wir uns nichts gefallen, auf die Gefahr hin, eine neue Stelle suchen zu müssen und vielleicht weniger zu verdienen. Dafür wahren wir unsere Menschenwürde.

Machen wir uns immer wieder bewusst, dass die Ereignisse und Situationen an sich weder schlecht noch gut sind. Erst durch die individuelle Bewertung, unsere Betrachtungsweise und unser Empfinden werden sie für uns zu angenehmen oder unangenehmen. Genau diese Wertung gilt es aufzuheben. Wie könnte etwas wehtun, gäbe es die Unterscheidung zwischen lustvoll und leidvoll nicht mehr?

Selbstverständlich ist es nicht einfach, schwere Schicksalsschläge im gleichen Licht zu sehen wie einen Sechser im Lotto. Doch seien wir ehrlich, wie oft im Leben treffen sie uns? Womit wir uns wirklich häufig herumquälen, sind die alltäglichen Begebenheiten, die nicht nach Wunsch verlaufen: Ich fahre im vollen Zug zur Arbeit und finde keinen Sitzplatz; die Erkältung ist lästig; schon wieder die Fenster putzen; das Konzert hat meine Erwartungen überhaupt nicht erfüllt; das Wetter ist schon seit Tagen schlecht; mein Freund hat am kommenden Wochenende keine Zeit für mich; ich habe das gesuchte Buch nicht gefunden; ... Gelingt es uns nur schon, die Wertung in solchen im Grunde genommen unwichtigen, banalen Situationen abzuschaffen, sie gelassen anzunehmen und so zu handeln, wie es gerade erforderlich ist, ohne Unlust, Frustration, Verärgerung und andere negative Empfindungen, sind wir der immerwährenden Zufriedenheit ein großes Stück näher gerückt.

Üben wir uns in Gleichmut, so wird es uns gelingen, mit tatsächlich harten Zeiten besser umzugehen, sollten sie uns einmal heimsuchen, und sie, wenn auch nicht gerade willkommen zu heißen, mindestens anzunehmen und das Beste daraus zu machen. Diese Eigenschaft des Annehmens – man kann so weit gehen zu sagen: des Erduldens – war früher weiter verbreitet und positiv bewertet. In der heutigen Zeit und Gesellschaft sind wir hingegen darauf aus, ausschließlich glücklich zu sein, und meinen, einen Anspruch darauf zu haben.

Es ist jedenfalls einzig an uns, die Weisheit zu entwickeln, unser Glück in jeder Lage zu finden. Schaffen wir es, schwierigere Lebensphasen wenigstens mit einem gewissen Grad an Gleichmut über uns ergehen zu lassen, werden wir die wundersame Erfahrung machen, dass sie gar nicht so schlimm sind. Je mehr wir sie kategorisch ablehnen, als etwas völlig Negatives betrachten, desto mehr leiden wir darunter – sie sind immer so, wie wir sie sehen, sehen wollen, und wie wir sie beurteilen.

Affirmationen

Bei Affirmationen handelt es sich um eine Form der Autosuggestion; damit können wir hinderliche Muster des Unbewussten durch neue Überzeugungen und Verhaltensweisen ersetzen (das lateinische Wort *affirmatio* bedeutet Beteuerung, Versicherung).

Um mit Affirmationen zu arbeiten, gehen Sie wie folgt vor:
• Wählen Sie von den vorgeschlagenen Affirmationen eine aus, die Sie anspricht. Sie dürfen den Satz im Wortlaut auch ändern, wenn andere Begriffe Ihnen eher zusagen, oder eigene Affirmationen formulieren. Beachten Sie dabei zwei Grundregeln:
– Bilden Sie keine verneinten Sätze (Sätze, in denen *nicht, nie, kein* und andere Verneinungen vorkommen) und auch keine mit Begriffen negativer Bedeutung. Sagen Sie also nicht: «Ich bin nicht mehr unzufrieden» oder «Meine Unzufriedenheit verschwindet». Sondern: «Ich bin jetzt zufrieden und glücklich». Negative Begriffe erwecken nämlich eine negative Emotion in Ihnen, und das wirkt kontraproduktiv; Affirmationen sollen schöne, beglückende, positive Dinge aussagen.
– Die Affirmation muss den angestrebten Zustand in der Gegenwart und als Tatsache ausdrücken (nicht in der Zukunft oder als Wunsch). Sagen Sie also nicht: «Ich *werde/möchte* gleichmütig sein». Sondern: «Ich *bin* gleichmütig.»
• Wiederholen Sie am Abend unmittelbar vor dem Einschlafen die Affirmation zehn- bis zwanzigmal, am besten halblaut, damit sie auch über den Gehörsinn ins Unbewusste eingeht, langsam und monoton wie eine Litanei. Wenn Sie mögen, fahren Sie in Gedanken damit fort, bis Sie einschlafen. Am Morgen, gleich nach dem Aufwachen, tun Sie das Gleiche.
• Sie können die Affirmation auch tagsüber überall und jederzeit rezitieren, etwa bei einem Spaziergang, beim Autofahren oder während des Kochens.
• Die gewählte Affirmation behalten Sie über mehrere Wochen bis Monate bei oder bis sich die gewünschte Gesinnungs-/Verhaltensänderung bei Ihnen eingestellt hat; danach dürfen Sie eine neue aussuchen.

Affirmationen für Gleichmut und Gelassenheit

- Alles in mir und um mich wirkt zu meinem Besten.

- Ich bekomme in jedem Augenblick, was mir guttut.

- Meine Zufriedenheit liegt in mir, sie ist immer da.

- Ich ruhe in mir selbst.

- Ich fühle mich in mir selbst geborgen.

- In mir ist Frieden und Gleichmut.

- Alle Türen und Möglichkeiten öffnen sich von selbst.

- Ich bin dankbar für alles, was mir gegeben wird.

- Ich nehme jede Situation dankbar an.

- Ich tue in jedem Augenblick, was gerade zu tun ist.

- Ich erfreue mich an dem, was ich habe.

- Ich fühle in mir Harmonie und Gleichmut.

- Ich lasse jetzt meine Wünsche los.

- Das Leben ist einfach, wenn ich loslasse.

- Ich bin frei und lasse frei.

VI. Belastende Rollenbilder

Platon: Symposion. Auf Details und allgemeine oder spezielle Interpretationen der Geschichte gehe ich hier nicht ein, da sie zum Thema dieses Kapitels nichts beitragen.

Androgyn: *andros* (griechisch, Genitiv von *aner*) = Mann; *gyne* (griechisch) = Frau

Der griechische Philosoph Platon (5./4. Jahrhundert v. Chr.) erzählte den Mythos der Kugelmenschen: Sie hatten je zwei Gesichter und Geschlechtsteile und je vier Beine und Arme. Es gab nicht nur rein männliche und rein weibliche Kugelmenschen, sondern auch eine gemischte, die androgyne Form, auf der einen Seite männlich, auf der anderen weiblich. Der Gott Zeus spaltete dann diese Kugelmenschen, sodass aus jedem zwei Wesen entstanden, die heutigen Menschen. Diese leiden seither unter ihrer Unvollständigkeit und der Trennung von der anderen Hälfte und suchen sie, um sich wieder mit ihr zu vereinigen.

→ Siehe «Platonische Liebe», Seite 93.

Die →Suche nach dem gleich- oder gegengeschlechtlichen Wesen, das uns *ergänzt* und *vollständig* macht, kennen wir alle als die Sehnsucht nach der sogenannten Zwillingsseele, nach dem Menschen, der zu uns passt und mit dem wir in Harmonie und Glückseligkeit leben können. Ihn zu finden wäre nicht illusorisch, unterlägen wir dabei nicht dem Irrtum, nach einer *gleichen* Seele zu suchen oder den Menschen an unserer Seite uns selbst angleichen zu wollen. Bei der anderen, der *fehlenden* Hälfte geht es nämlich darum, dass sie *zu uns passt, uns ergänzt, vollständig macht* und uns mit dem bereichert, was uns selbst *fehlt*. Und nicht darum, dass sie mit unserer identisch ist. Eine solche Verbindung ist nicht nur langweilig, sondern vor allem sinnlos, denn dabei bleiben die beiden Partner, und damit die Beziehung, über Jahre oder Jahrzehnte unverändert, ohne Entwicklung. Zudem ist ein solch homogenes Paar schlecht gewappnet gegen äußere Herausforderungen jeglicher Art, wie berufliche und soziale, da beide Partner entlang derselben Linien und Muster denken, agieren und reagieren und sich deshalb nicht mit alternativen, kreativeren Problemlösungen gegenseitig befruchten. Ich erinnere als Analogie an den wichtigen Evolutionsschritt, durch die geschlechtliche Fortpflanzung zwei unterschiedliche Genome zusammenzuführen und daraus widerstandsfähigere, wandelbarere Lebewesen hervorzubringen.

In den Grundwerten müssen die Liebenden übereinstimmen, sonst ist eine glückliche Beziehung längerfristig kaum möglich; in allem anderen sind Unterschiede hingegen immer ein Gewinn und wir sollten nicht versuchen, sie zu nivellieren oder an unsere Wunschvorstellungen anzugleichen. Zumal solche Vorstellungen, wie wir gesehen haben, teilweise von anderen in uns eingepflanzt wurden und daher nicht zwingend zu unserer wahren Wesensart gehören. Passen wir den Liebsten daran an, kann es durchaus geschehen, dass er dann zwar dem vermeintlich gewünschten Bild entspricht, uns aber nicht mehr gefällt!

Prägende Auffassungen, wie wir selbst und der Partner innerhalb einer Beziehung sein sollten, stammen auch aus vergangenen und gegenwärtigen gesellschaftlichen Rollenbildern von Mann und Frau. Es ist sinnvoll, sie einmal genauer anzuschauen, um zu erkennen, inwieweit sie uns und damit die Paarbeziehung (nachteilig) beeinflussen.

1. Unser patriarchalisches Erbe

Beginnen wir bei Adam und Eva. Nach dem →Alten Testament herrscht der Mann über die Frau. Die darauf beruhenden jüdische, christliche und islamische Kulturen waren patriarchalisch geprägt (und sind es teilweise noch) und die Frauen wurden mehr oder minder als zweitrangige Menschen betrachtet. Was unseren Kulturraum betrifft, so hat das Christentum, eine Domäne der Männer, die Frau degradiert und ihr die Würde und sogar die beschränkten Rechte genommen, die sie in der griechischen und römischen Antike noch genoss. Auch da war sie von der Gleichberechtigung zwar weit entfernt, durfte etwa keine politi-

→ Siehe 1. Mose 3,16.

schen Ämter bekleiden, doch sie hatte ein höheres Ansehen und war relativ frei und emanzipiert, verglichen mit der europäischen Frau der späteren Jahrhunderte. Allerdings wäre es falsch, das damalige Frauenbild zu idealisieren. So meinte etwa der römische Philosoph Seneca: «Sie [die Frau] ist ein immer gleich unvernünftiges Geschöpf, und wenn sie nicht über Kenntnisse und Bildung verfügt, nichts als ein wildes Tier, seiner Begierden nicht mächtig.»

Im Mittelalter hatte es die Frau noch schwerer: Sie war dem Mann völlig ausgeliefert, er durfte sie misshandeln, vergewaltigen, betrügen, halten wie ein Tier, in allen Belangen des täglichen Lebens über sie bestimmen. Dass auch die Reformation im 16. und 17. Jahrhundert nichts daran änderte, erschließt sich uns anhand des folgenden Zitats →Martin Luthers (nur eines von vielen ähnlichen):

→ Zitiert nach Arnulf Zitelmann: «Widerrufen kann ich nicht»: Die Lebensgeschichte des Martin Luther.

«Wer mag alle leichtfertigen und abergläubischen Dinge erzählen, welche die Weiber treiben... es ist ihnen von der Mutter Eva angeboren, dass sie sich äffen und trügen lassen. [...] Eine Frau hat häuslich zu sein, das zeigt ihre Beschaffenheit an; Frauen haben nämlich einen breiten Arsch und weite Hüften, dass sie sollen stille sitzen.»

So verwundert es nicht, dass noch um die Wende ins letzte Jahrhundert ein gebildeter Mann wie der Neurologe und Psychiater Paul Julius Moebius als ein Kind seiner Zeit und Kultur ein Buch schrieb mit dem Titel: «Über den physiologischen Schwachsinn des Weibes» (erschienen im Jahr 1900), worin neben anderem Schwachsinn folgende Aussage zu lesen ist: «Frauen haben von Natur aus eine physiologisch bedingte geringere geistige Begabung als Männer. Dieser weibliche 'Schwachsinn' dient der Arterhaltung des Menschen und ist Folge seiner Evolution.»

Ich fasse die Rollenbilder von Mann und Frau zusammen, wie sie über die letzten beiden Jahrtausende in unserem Kulturraum geprägt wurden, bis weit ins 20. Jahrhundert hinein herrschten und teilweise noch in den Genen, im Gehirn und im Unbewussten mancher Menschen schlummern:
• Der Mann ist stark und intelligent, rational, von Natur aus überlegen, von Kirche und Staat zum Herrscher über die Frau bestimmt; er sorgt für Unterhalt und Schutz, zieht in den Krieg, darf sich vergnügen.

• Die Frau ist schwach, sowohl körperlich als auch geistig, irrational und von ihren Emotionen beherrscht, unmoralisch, dem Mann unterlegen und muss sich ihm unterordnen; sie ist zuständig für Haushalt und Kinder, hat sich sittsam zu verhalten und den Mann nicht zu entehren.

2. Die feministische Revolution

Machen wir jetzt einen Sprung in die jüngere Geschichte. Die Frau erkämpfte sich nach und nach gesellschaftliche und politische Rechte. Ja, es war ein Kampf, ein harter, da alles seit jeher von Männern dominiert war – und wer gibt schon freiwillig Rechte und Privilegien ab!

Historisch betrachtet wurde die Forderung nach mehr Rechten für die Frauen im 18. Jahrhundert begründet, als bürgerliche Revolutionen die Gleichheit aller Menschen forderten. Doch erst in den 1950er- und 1960er-Jahren startete der umfassende weibliche Befreiungsschlag, der sich dann besonders vor dem Hintergrund der revolutionären 68er-Bewegung manifestierte. Dennoch litten Frauen von Gesetzes wegen noch lange unter männlicher Dominanz. Das führen uns die folgenden Fakten vor Augen – ich selbst erinnere mich gut daran, aber die Jüngeren können sich solche Zustände kaum mehr vorstellen:

• Bis 1962 (D) durften Frauen ohne Einwilligung des Ehemanns kein eigenes Bankkonto eröffnen;

D = Deutschland; CH = Schweiz.

• Vor 1977 (D, CH) brauchten Frauen zur Berufsausübung die Erlaubnis des Ehemanns; bis 1988 hieß es im Schweizer Gesetz, die Frau sei zur Führung des Haushalts verpflichtet;

• 1980 (D)/1981 (CH) traten die Gesetze über die Gleichbehandlung am Arbeitsplatz in Kraft;

• erst seit 1997 (D)/1992 (CH) ist die Vergewaltigung in der Ehe strafbar; davor existierte dieser Tatbestand gar nicht.

Eine interessante Tatsache will ich noch erwähnen: Trotz wesentlicher Verbesserungen stellen repräsentative →Studien seit den 1970er-Jahren einen Rückgang der Zufriedenheit der Frauen im Vergleich zu Männern fest. Über die Gründe wird nur spekuliert: hohe nicht erfüllte Erwartungen oder die Doppelbelastung durch Beruf und Familie.

→ Publiziert von B. Stevensor und J. Wolfers im American Economic Journal, 2009.

Ich wage mich auch an eine These: Im gleichen Maße, wie die Frauen Rechte gewannen, kamen ihnen Privilegien abhanden, etwa eine gewisse Zurückhaltung und Höflichkeit seitens der Männer (die Tür aufhalten, den Vortritt lassen, Lasten abnehmen, im Restaurant bezahlen). Und, noch wichtiger, es erwuchsen ihnen Pflichten, denn erlangte Rechte gehen immer damit einher, insbesondere die Übernahme der vollen Verantwortung für ihr Leben in finanzieller und sozialer Hinsicht. Die Unabhängigkeit und die Freiheit der Selbstbestimmung und daher konsequenterweise die Eigenverantwortung sind manchen Menschen (nicht nur Frauen!) gar nicht so willkommen, wie man annehmen müsste. Viele überlassen Entscheidungen und Verantwortung gern anderen, obwohl sie das natürlich nie zugeben würden, und sind dankbar, dann einen Sündenbock für das eigene Unglück zu haben. Vielleicht sind die Frauen wegen der jahrtausendelangen Unterdrückung – sprich: Übernahme aller Verantwortung – durch die Männer unbewusst und/oder genetisch bedingt noch nicht willens, ihr Leben gänzlich selbst in die Hand zu nehmen und dafür geradezustehen, und empfinden es (teilweise) als eine Bürde. Was natürlich die Zufriedenheit schmälert.

Worin auch immer die Gründe zu finden sind und selbstverständlich ohne die Rechtmäßigkeit und Bedeutung der weiblichen Emanzipation anzuzweifeln, es stellt sich – vor allem für uns Frauen – die Frage: Sind die Frauen zu weit gegangen? Übers Ziel hinausgeschossen?

Bevor ich im folgenden Abschnitt 3 ausführlicher auf diese These und auf die neuen Rollenbilder eingehe, fasse ich die vorherrschenden von Frau und Mann am Anfang des 21. Jahrhunderts zusammen:

→ Die Gleichberechtigung, obwohl weitgehend gesetzlich verankert, ist in der Praxis noch nicht überall Realität –auch nicht in allen Paarbeziehungen.

- Die Frau genießt die →gleichen persönlichen, sozialen, politischen Rechte wie der Mann; sie lebt selbstbestimmt, vereint Beruf und Familie, beansprucht ihre Freiheiten und strebt ihre Selbstverwirklichung an.
- Der Mann respektiert die Frau als gleichberechtigt; er ist mehrheitlich beruflich eingespannt und beteiligt sich an der Hausarbeit und Kinderbetreuung; er lebt in seiner Freizeit seine Hobbys und Interessen aus, passt sich aber auch den Wünschen der Partnerin an.

3. Neue Rollenbilder?

Heutzutage bestreitet wohl niemand, wie es in früheren Jahrtausenden der Fall war, dass Männer und Frauen einander ebenbürtig sind. Aber wie «gleich» sind sie in ihrer Wesensart? Die Genderforschung steht erst am Anfang, sieht man von vielen →Studien mit methodischen Mängeln ab, die deshalb nicht aussagekräftig sind, obwohl sie nach wie vor kursieren und gern zitiert werden. Neuere seriöse Studien deuten darauf hin, dass Männer und Frauen zwar Unterschiede im Gehirn aufweisen, diese jedoch weitaus geringer sind als lange angenommen. Selbst die Unterschiede in der Nutzung der Gehirnhälften durch Mann und Frau, die man früher für erheblich hielt, sind nur winzig.

→ Viele Studien weisen scheinbar große Unterschiede zwischen den Geschlechtern nach, doch sie wurden oft mit sehr wenigen Probanden durchgeführt und wide - spiegeln eher die Vorurteile der Wissenschaftler.

Woher kommen nun aber diese kleinen, tatsächlich nachweisbaren Unterschiede? Das Gehirn entwickelt sich fortwährend bis ins frühe Erwachsenenalter und das neuronale Netzwerk organisiert sich sogar lebenslänglich neu. Somit beeinflussen Erziehung, Kultur und soziale Umwelt den Aufbau und die Funktionsweise des Gehirns maßgeblich; es ist bislang aber unmöglich zu bestimmen, was auf Erbanlagen und was auf Prägung zurückgeht. Tatsache ist, wie Psychologen und Genderforscher beobachten, dass die Eltern Mädchen und Jungen immer noch differenziert erziehen, etwa in Bezug auf Spielzeug und Kleider. Mädchen bekommen Puppen, Bastelzubehör und Bettwäsche in Pastelltönen und mit Prinzessinnenmotiven; Jungen Baukästen, ferngesteuerte Autos und Bettwäsche in kräftigen Farben und mit Heldenmotiven. Dadurch werden in jungen Jahren Werte vermittelt: Bei Frauen ist die Schönheit und die Häuslichkeit wichtig, bei Männern der Mut, das Draufgängertum und das technische Geschick. Ob diese Prägung den angeborenen Anlagen entspricht oder nicht, sei dahingestellt; doch sie ist nun einmal vorhanden und wirkt sich im Erwachsenenalter aus.

Eine wichtigere Rolle als die Gehirnstruktur selbst spielen vermutlich die Hormone. Sie beeinflussen, über den Sexualtrieb hinaus, die emotive Seite und damit natürlich das Verhalten. Allgemein kann man sagen: Weibliche Hormone fördern die Empathie und Kommunikation, männliche die Aggressivität – Aggressivität ist hier nicht nur negativ zu verstehen, vielmehr auch positiv als Ehrgeiz, Durchsetzungswillen, Kampfgeist.

Nun gut, wie bedeutend oder vernachlässigbar die biologische Andersartigkeit der Geschlechter aus wissenschaftlicher Sicht auch sein und womit man sie auch begründen mag, am Ende ist *die beobachtbare Realität maßgebend*: Männer und Frauen nennen grundlegend unterschiedliche →Scheidungsgründe und Probleme in der Partnerschaft. So gleich Frau und Mann bezüglich Intellekt und anderer Eigenschaften also zweifellos sind, in ihrer Psyche und somit in ihrer Wesensart sind sie es nicht.

→ Siehe «Wie macht man einen Mann / eine Frau glücklich?», Seite 94.

Daran hat auch die Emanzipation der Frau nichts geändert. Und sie bewirkte offenbar nicht, dass Beziehungen glücklicher sind und länger halten. Die männliche Dominanz gehörte bekämpft und abgeschafft, keine Frage. Doch die berechtigte Forderung nach gleichen Rechten darf nicht zu einer Gleichmacherei führen, bei der die unterschiedlichen Vorstellungen, Wünsche, Bedürfnisse und Neigungen von Frau und Mann eingeebnet werden. Dadurch presst man Frauen und Männer nur wieder in Rollen, die vielleicht nicht ihrer Natur entsprechen und die genau so einengend sind wie die früheren: Sie auferlegen ebenfalls Normen, wie Mann und Frau sein sollten.

Frauen werden heutzutage nicht nur fast dazu gedrängt, neben der Familie noch berufstätig zu sein. Man erwartet von ihnen darüber hinaus, alles zu können und zu tun, was Männer tun und können. In dieser Verpflichtung vernachlässigen sie ihre einzigartigen Qualitäten, wie Urvertrauen, Sanftmut, Mitgefühl, Einfühlungsvermögen, ihre besondere Neigung zu umsorgen und behüten und ihr Reichtum an weiblicher Weisheit, Ausdauer und Duldsamkeit. Die Frau kann eine Menge, was der Mann nicht kann – und genau darin liegt ihre Stärke.

Umgekehrt werden diese weiblichen Vorzüge heute auch von den Männern erwartet und es wird von ihnen gefordert, die männlichen Eigenschaften, die ich unter positiver Aggressivität zusammengefasst habe, zumindest teilweise zu unterdrücken. Die Frauen wünschen sich empathische und sanfte Männer, die sich um den Haushalt und die Familie kümmern und ihr Herz auf der Zunge tragen. Gleichzeitig wollen sie nicht auf den starken Mann verzichten, der weiß, was er will, der ihnen die schweren oder unangenehmen Pflichten abnimmt und sie bei Bedarf auch beschützt.

Männer sind dadurch zutiefst →verunsichert: Sie wissen nicht mehr, wie sie sein dürfen und sein sollen, ohne dass man ihnen entweder Schwäche oder Machogehabe, sogar Sexismus vorwirft. Man bekommt zuweilen den Eindruck, sie wollten es den Frauen einfach nur noch recht machen, irgendwie.

→ Die Verunsicherung widerspiegelt sich in Aussagen von Psychologen und, für jeden klar erkennbar, in Männerforen und -blogs im Internet.

Aufgemerkt: Ich persönlich bin davon überzeugt, soll die Menschheit eines Tages friedlich und zufrieden leben können, dass Männer vermehrt «typisch weibliche» Eigenschaften von den Frauen erlernen müssen und umgekehrt. (Wobei Letzteres schon weiter fortgeschritten ist.) Aber das braucht Zeit! Eine Generation reicht dazu nicht aus. Jeder Versuch, Mann und Frau auf kurze Sicht zu einem gleichen oder zumindest sehr ähnlichen Wesen zu vereinheitlichen, führt, neben einer Verarmung der Gesellschaft und des sozialen Gefüges, zu unglücklichen Paarbeziehungen.

4. Aus der Rolle fallen!

Wollen wir eine wahre Liebesbeziehung leben, so müssen wir die unterschiedlichen Stärken, Schwächen und Bedürfnisse der Geschlechter und vor allem der Individuen erkennen und akzeptieren. Dabei darf es selbstverständlich nicht um festgefahrene Rollenvorstellungen gehen, etwa dass Männer keine Hausarbeit leisten und Frauen nicht in der Kneipe sitzen, geschweige denn darum, dass Frauen nur weiblich sanft und Männer nur männlich hart sein sollen. Deshalb richte ich jetzt:

Ein Wort an die Frauen (das auch Männer lesen dürfen)
Wir Frauen sind stark und weise, mit dieser Stärke, die sich nicht beweisen muss, und dieser Weisheit, die still zu lenken weiß. Setzen wir sie ein, um unsere Männer zu stützen und zu leiten, ohne es sie bevormundend spüren zu lassen.

Wir sind einfühlsam und umsorgend. Schenken wir unseren Männern das Verständnis, die Zuwendung und die Bestätigung, die sie von uns ersehnen und brauchen – viel mehr als wir selbst der ihrigen bedürfen.

Wir wollen unseren eigenen Weg gehen, den Weg, den wir in uns spüren. Lassen wir uns nicht davon abbringen, weder von Konventionen noch von unseren Ängsten und schon gar nicht von all jenen, die besser zu wissen meinen, was für uns gut ist und wie wir die Beziehung mit dem Partner leben sollen. So sind wir nicht unterdrückte, unemanzipierte Frauen, wenn wir alles für unseren Liebsten tun und ihm jeden Wunsch von den Augen ablesen! Wir wissen nämlich um unsere innere Kraft und Duldsamkeit, um unsere Mütterlichkeit, die umsorgt und gibt. Wir sind aber auch nicht Hausmütterchen, die nichts anderes im Kopf haben als Haushalt und Kinder: Geben wir uns unseren Interessen hin, verfolgen wir unsere Ziele, verwirklichen wir unsere Träume!

Ein Wort an die Männer (das auch Frauen lesen dürfen)
Ihr Männer wisst, was ihr wollt, ihr besitzt Durchsetzungsvermögen und Kraft. Verwendet sie dazu, den Weg für euch und eure Frauen zu ebnen. Zeigt ihnen eure Stärke, indem ihr für sie sorgt und euch um sie kümmert, sie beschützt und für sie kämpft. Ohne sie als schwach und hilflos zu sehen und ihnen eure Macht aufzuzwingen.

Ihr seid zärtlich und verletzlich, ihr sehnt euch nach Wärme und danach, umsorgt und nicht abgewiesen zu werden. Steht dazu, lasst es die Frauen wissen und schenkt ihnen die Zuwendung, die sie sich wünschen.

Geht euren eigenen Weg, den Weg, den ihr in euch spürt. Lasst euch nicht davon abbringen, weder von eurer Unsicherheit noch von euren Zweifeln und schon gar nicht von falschem Stolz oder missverstandenen Männlichkeitsidealen. Ihr seid keine Pantoffelhelden, wenn ihr eure Frauen auf Händen trägt und euch wie Kavaliere alter Schule benehmt! In euch wohnt nämlich Edelmut und Beschützerinstinkt, welche die Frauen vor Drachen retten und ihnen Königreiche zu Füßen legen. Ihr seid aber auch nicht eiserne Ritter und müsst nicht für euer Burgfräulein eurer Leben geben: Erlaubt euch, ihr selbst zu sein, euren Neigungen zu folgen, und verwirklicht eure Träume!

Platonische Liebe

Da ich in der Einleitung dieses Kapitels von Platon und dem Mythos der Kugelmenschen spreche, will ich es nicht versäumen, ein paar Worte zur sogenannten *platonischen Liebe** zu schreiben.

Heute verwenden wir diesen Begriff für eine Beziehung ohne sexuelle Züge. Dies hat aber nur wenig mit Platons Theorie der Liebe zu tun. Bei ihm hat die Liebe** die Funktion der philosophischen Erkenntnisfindung, die in mehreren Phasen erfolgt. Der Liebende spürt in sich einen →Mangel und will ihn beheben, indem er durch das Objekt seiner Liebe die Vervollkommnung und Ganzheit anstrebt. Sein Begehren danach treibt ihn an, er will es erlangen und besitzen.

→ Das Empfinden des Mangels entsteht durch das Fehlen der anderen Hälfte, wie im Mythos der Kugelmenschen beschrieben.

Dabei spielt die Schönheit am Anfang die entscheidende Rolle. Sie zieht den Liebenden an; er soll aber erkennen, dass es nicht um die Schönheit eines bestimmten Körpers geht, sondern um die körperliche Schönheit an sich. In einer zweiten Phase versteht er, dass die seelische Schönheit wichtiger ist, und er wendet sich der Ethik zu. Ein weiterer Schritt führt ihn zur Schönheit der Erkenntnisse und schließlich erfährt er, dass die →Urschönheit allem zugrunde liegt und sich in einzelnen Erscheinungsformen manifestiert.

→ Vergleiche «Platons Ideenlehre», Seite 42.

Nachdem der Liebende dieses Ziel erreicht hat, verschwindet die Empfindung des Mangels, die ihn anfänglich angetrieben hatte, und er spürt kein Bedürfnis mehr, den Mangel in körperlicher Weise zu stillen.

Der beschriebene Weg ist ein philosophischer, der den Liebenden von der Unvollkommenheit zur Vollkommenheit führt. In Platons Modell hat die Sexualität keinen Platz, weil er sie als eines Philosophen unwürdig betrachtet.

* Der Begriff der «platonischen Liebe» wurde, gründend auf der Liebestheorie von Platon, erst in der Renaissance geprägt.

** Das Altgriechische kennt für das Wort «Liebe» mehrere Begriffe:
* Eros ist die Liebe, die mit Begehren einhergeht;
* Philia ist die freundschaftliche Liebe;
* Agape ist die uneigennützige, selbstlose Liebe, die vom Geliebten nichts erwartet.

Wie macht man einen Mann/eine Frau glücklich?

Die Unterschiede zwischen Mann und Frau und ihren jeweiligen Bedürfnissen und Rollen sind oft das Thema von Witzen und Satire. Aber steckt darin nicht auch immer ein Körnchen Wahrheit?

Nicht ernst gemeint und nur zum Schmunzeln ist die folgende Anleitung, die man in zahlreichen Varianten im Internet findet.

Wie Frau einen Mann glücklich macht
· Die Frau muss ihm zu essen geben,
· mit ihm schlafen
· und ihn sonst in Ruhe lassen.

Ganz einfach, nicht wahr?

Wie Mann eine Frau glücklich macht
· Der Mann muss empathisch, stark, aufmerksam, sanft, intelligent, humorvoll, kreativ, verständnisvoll, gebildet, muskulös, sportlich, mutig, ehrlich, treu, leidenschaftlich, ehrgeizig, tolerant, zärtlich, gesund, reich sein;
· der Mann muss ihr ein Freund, ein Geliebter, ein Bruder, ein Vater, ein Elektriker, ein Klempner, ein Schreiner, ein Gärtner, ein Müllmann, ein Psychologe, ein Tanzpartner, ein Shoppingbegleiter sein;
· der Mann muss sie mit Komplimenten überhäufen, ihr viel Zeit widmen, ihr alle Freiheiten lassen, an ihren Geburtstag, den Hochzeitstag, den Valentinstag denken;
· der Mann darf Vereinbarungen und Termine nicht vergessen, anderen Frauen nicht nachblicken, nicht zu viel trinken und mit Kollegen herumhängen, nicht zu viel Sport im Fernsehen schauen.

Auch nicht wirklich schwer, oder? Männer, gebt euch doch einfach ein bisschen Mühe!

VII. Beziehungskiller Sex

Das Thema Sex führt selbst in sonst guten, harmonischen Beziehungen überaus häufig zu Konflikten und direkt oder indirekt zu einer Trennung. Die Unzufriedenheit mit dem Sexualleben in der Partnerschaft steht in den Tabellen über die Problembereiche an dritter Stelle bezüglich Häufigkeit und an erster Stelle, was den Schweregrad betrifft. Weitere Konfliktherde, etwa die Treue oder die Eifersucht, können damit zusammenhängen.

Die sexuellen Unterschiede zwischen Mann und Frau reduziere ich gern auf eine – natürlich überspitzte – Aussage: Männer wollen fast immer Sex und fühlen sich durch das (häufige) Nein der Partnerin in einer Weise zurückgewiesen, die ihr Selbstverständnis und ihre Männlichkeit angreift und dadurch Selbstzweifel hervorruft; Frauen wollen fast nie Sex und empfinden das (häufige) Drängen des Partners als unangenehm, zuweilen gar als abstoßend. Und für diese Unvereinbarkeit soll es eine Lösung geben?

Ich habe kein Patentrezept. Deshalb werde ich in diesem Kapitel nur über meine Beobachtungen und eigenen Erfahrungen berichten und auf Wertungen und Ratschläge verzichten. Vielmehr sollen Sie Ihre eigenen Schlüsse ziehen. Ich empfehle Ihnen aber dringend, falls Sie mit Ihrem Sexualleben unzufrieden sind, mit dem Partner zusammen nach einer Lösung zu suchen, die für beide stimmt.

Ich beginne mit einigen →Aussagen zu Sexualproblemen aus meinem Bekanntenkreis (der letzten Jahrzehnte):

- 50-jährige verheiratete Frau (1986): «Wir führen eine gute Ehe, aber Sex will ich nicht mehr. Deshalb habe ich mich einverstanden erklärt, dass mein Mann einmal wöchentlich ins Bordell geht. Finanziell können wir uns das leisten.»
- 55-jährige verheiratete Frau (1992) auf einem Weg der Selbstfindung: «Ich habe mit dem Sex abgeschlossen. Wir sind seit fast 30 Jahren verheiratet, wir hatten immer Sex, mir hat es nie viel gesagt und jetzt interessiert es mich gar nicht mehr und ich finde, wir können uns unsere Liebe anders zeigen. Aber mein Mann sieht das nicht so, er will immer noch regelmäßig mit mir schlafen.»

→ Ich setze in Klammern jeweils das Jahr, in welchem die Aussage gemacht wurde, damit Sie sich ein Bild machen können, aus welcher Generation sie stammt – obwohl ich meine, es habe sich über die Jahrzehnte nicht allzu viel geändert.

95

- 51-jähriger geschiedener Mann in einer neuen Beziehung mit einer viel jüngeren Frau (1997): «Meine Ehe ist daran zerbrochen, dass ich eine Geliebte hatte. Aber meine Frau hatte selten Lust; ich habe ihre Zurückweisung nicht mehr ertragen.»
- 34-jährige verheiratete Frau mit zwei kleinen Kindern (2003): «Ich liebe meinen Mann. Aber er will ständig Sex, mich widert das an. Es ist am Ende doch nur ein Austausch von Körperflüssigkeiten.»
- 27-jährige Frau in einer Beziehung (2011): «Mein Freund will mehrmals täglich mit mir schlafen. Wenn ich Nein sage, wird er wütend, er dreht zuweilen regelrecht durch und macht mir dann eine Eifersuchtsszene, manchmal habe ich richtig Angst vor ihm. Ich glaube, es geht ihm gar nicht so sehr um den Sex an sich als vielmehr darum, Macht und Kontrolle über mich auszuüben.»
- 38-jähriger geschiedener Mann, Single (2015): «Meine Frau hat sich von mir getrennt. Es ist nur meine Schuld. Sex ist für mich sehr wichtig und es hat mir nicht gereicht, einfach 'normal' mit ihr zu schlafen, ich habe sie zu Sachen gedrängt, die sie nicht wollte.»

Nun noch einige Klischees über die Unterschiede zwischen den Geschlechtern. Ob wissenschaftlich belegt oder nicht, ist nicht entscheidend – Klischees entstehen ja nur, wenn etwas Wahrheit dahinter steckt.
- Männer sind von Natur aus nicht monogam, Frauen in der Regel schon.
- Männer wollen immer Sex, Frauen erfinden immer Ausreden, wie Müdigkeit oder Kopfschmerzen.
- Männer wollen immer die Penetration, Frauen oft lieber nur kuscheln.
- Männer haben erotische Fantasien, Frauen wollen zärtlichen Sex (dieses Klischee über Frauen hat sich seit →«Fifty Shades of Grey» etwas relativiert).
- Männer können Sex von Liebe abkoppeln, Frauen nicht.

→ Der berühmte Roman von E L James, erschienen 2012, der auch verfilmt wurde.

Wie gesagt, alle diese Aussagen, sowohl die realen aus meinem Bekanntenkreis als auch die allgemeinen, sind nicht repräsentativ, widerspiegeln meines Erachtens aber doch recht gut einige typische Problembereiche, die vermutlich jeder von uns in seinem Umfeld beobachten kann. Ich lasse sie unkommentiert. Und erzähle jetzt meine eigene sexuelle →Geschichte – keine pikanten Details, sondern die Geschichte meiner kontroversen Einstellung dazu. Die Leserinnen (und natürlich auch die Leser) können über einzelne Fakten, die ich für recht typisch für manche Frauen halte, nachdenken und für sich selbst und die eigene Partnerschaft Schlüsse ziehen.

→ Siehe dann auch Seite 115.

• *Phase 1, bis zum 40. Lebensjahr.* Bis zu diesem Alter besaß ich null Selbstliebe und hätte (fast) alles getan, um ein bisschen Liebe zu bekommen. Der Sex war in jungen Jahren für mich in erster Linie ein Mittel dazu. Beinahe unnötig zu erwähnen, dass ich deshalb, anstatt meine eigene Erfüllung zu suchen, mehr darauf achtete, die Lust des Mannes und seine (vermeintlichen) Erwartungen zu befriedigen. Natürlich machte mir diese Art Sex keinen Spaß und ich lehnte ihn im Grunde genommen ab. So ist es nicht erstaunlich, dass ich in meinen Beziehungen, nachdem sie einmal gefestigt waren, öfter Nein als Ja sagte, wenn mein Partner mit mir schlafen wollte.

• *Phase 2, von 40 bis etwa 45.* Nach dem Tod meines langjährigen Lebensgefährten begab ich mich auf einen spirituellen Weg. Mit dem Sex, der mir ohnehin nichts bedeutete, ja sogar mit Paarbeziehungen, hatte ich abgeschlossen, ich wollte allein bleiben und meinem inneren Ruf folgen. In dieser Zeit baute ich mein Selbstwertgefühl auf.

• *Kurzes Intermezzo, ein gutes Jahr lang.* Ich begegnete der großen Liebe, sie brach aus dem Nichts in mein Leben ein, ungefragt, ungewollt. Ein Blitz aus heiterem Himmel, der uns beide gleichzeitig traf. Das Liebesspiel wurde für mich schön und erfüllend, ich stellte meine eigene Lust in den Mittelpunkt und nicht länger die Befriedigung des Mannes. Auch diesen Liebsten entriss mir der Tod.

• *Fortsetzung von Phase 2, fast zehn weitere Jahre, bis etwa Mitte 50.* Ich kehrte auf den spirituellen Pfad zurück und war noch überzeugter, mit Paarbeziehungen und Sex endgültig abgeschlossen zu haben. In dieser Zeit des freiwilligen Singledaseins entwickelte ich eine regelrechte Abneigung, ja Abscheu gegenüber körperlicher Liebe.

97

• *Phase 3, die bisher letzte, ab etwa Mitte 50.* Wiederum schlug Amors Pfeil ein, als ich es nicht erwartete und nicht wollte, noch plötzlicher und heftiger als das Mal zuvor. Ohne in die Details zu gehen: Es war eine wahrhaft schicksalshafte Begegnung für uns beide, eine Fügung, der wir uns nicht entziehen konnten, obwohl die äußeren Umstände unter ungünstigsten Vorzeichen standen. Zudem hatte ich einen inneren Konflikt mit mir auszutragen wegen meines spirituellen Weges, für den ich eine Paarbeziehung als großes Hindernis erachtete. Bei unserem zweiten Treffen teilte ich diesem Mann mit, ich sei bereit, eine Beziehung mit ihm einzugehen, allerdings ohne Sex. Seine Antwort: «Ich liebe dich! Wenn du keinen Sex willst, dann akzeptiere ich das.» Ich war mir sicher, dass es sich nicht nur um Gerede handelte mit dem Hintergedanken, mich irgendwann schon herumzukriegen. Das löste etwas in mir aus, legte gewissermaßen einen Schalter in mir um: «Wenn er aus Liebe zu mir auf Sex verzichten kann und will, dann will und kann ich ihm aus Liebe Sex schenken.»

Noch nie in meinem Leben hat mich jemand so vorbehaltlos angenommen wie dieser Mann, weshalb ich so gänzlich ich selbst sein konnte wie nie zuvor. Seine Liebe zu mir kam dem, was ich als echte, wahre, reine Liebe bezeichne, schon sehr, sehr nahe. Und was den Sex betrifft: Einfach schön und immer erfüllend. Nicht weil alles andere in unserer Beziehung nahezu perfekt stimmte oder weil dieser Mann im Bett «besser» gewesen wäre als meine früheren Partner, sondern weil ich zwei Vorsätze, die ich zu Beginn fasste, konsequent einhielt. Erstens teilte ich ihm meine geheimsten sexuellen Wünsche und Fantasien mit – natürlich hatte ich diese immer gehabt, auch in den vierzig Jahren zuvor, sie aber nie einem Mann, manchmal nicht einmal mir selbst gegenüber zugegeben. Zweitens sagte ich nie, wirklich nie Nein, wenn ich keine Lust auf Sex hatte. Ich weiß, dass Lust bei uns Frauen in erster Linie eine Kopfsache ist, und nachdem ich meinen Kopf einmal grundsätzlich davon überzeugt hatte, dass es ein Nein nicht gibt, weil ich meinem Liebsten dieses Geschenk jederzeit machen will, fiel es mir überhaupt nicht schwer. Oft erregten mich seine ersten Zärtlichkeiten dann doch – bei einem

Zungenkuss gibt der Mann der Frau mit dem Speichel ja Testosteron ab, was sexuell stimulierend wirkt. Falls nicht, so täuschte ich nichts vor und überließ ihm die Entscheidung, wohin es führte; ich empfand es nie als widerwillig erbrachtes Opfer, es war immer Hingabe aus Liebe. Nie fühlte ich mich als «Sexobjekt» benutzt oder entwürdigt.

Natürlich verlief meine ganze sexuelle Entwicklung komplexer als in dieser komprimierten, aufs Wesentliche beschränkten Schilderung. Und ja, ich brauchte tatsächlich rund vier Jahrzehnte um zu begreifen, dass ich bei der von mir stets angestrebten wahren Liebe die Sexualität nicht ausklammern darf.

*   *   *

Bei vielen Paaren, deren Beziehung an sich gut funktioniert, ist Sex ein →Konfliktthema, und zwar ein lang anhaltendes, man kann sagen ein Dauerbrenner. Dennoch bemühen sich die meisten nicht um eine dauerhafte Lösung, wie sie es bei anderen Problemen tun. Lieber sitzen sie es aus, da es in der Regel nur punktuell auftritt und sich scheinbar von selbst wieder legt: Ein mehr oder weniger heftiges Lodern, man diskutiert oder streitet eine Weile, dann Resignation und Frustration über den vergeblichen Versuch, auf der einen Seite, und Erleichterung über den folgenlos überstandenen Zwist, auf der anderen. Der Brandherd schwelt aber weiter und die Bedrohung eines neuen Aufflackerns ist stets präsent und tangiert ebenfalls andere Beziehungsbereiche. Konkret: Sexualprobleme, auch oder erst recht nicht ausgesprochene, belasten die Partnerschaft stärker als die Liebenden jeweils annehmen.

→ Laut Statistik klagt jedes zweite Paar über Lustlosigkeit; es betrifft dabei über dreimal mehr Frauen als Männer.

Daher rate ich allen, die davon betroffen sind, eine nachhaltige Lösung dafür zu suchen. Ob allein mit sich selbst oder als Paar. Mit professioneller Hilfe oder ohne.

Wie erwähnt, ich kenne kein Allheilmittel. Zum Abschluss des Kapitels fasse ich aber auf der nächsten Doppelseite in kompakter tabellarischer Form einige →Leitlinien von Psychologen zusammen, als Anreiz für alle, die sich dann vertieft damit auseinandersetzen wollen.

→ Siehe «Sexualprobleme in Paarbeziehungen», Seite 100 f.

Sexualprobleme in Paarbeziehungen: Ursachen und Lösungen

Ursachen für Lustlosigkeit

Langeweile im Bett: Sex läuft immer in etwa gleich ab. Das kommt daher, dass die Partner sich nicht trauen, über ihre Wünsche zu sprechen, weil sie sich schämen und/oder einfach annehmen, der andere lehne bestimmte Praktiken ab.

Individuelle Bedürfnisse, die der Partner nicht befriedigen kann/will.

Lustkiller Nummer eins ist für Frauen der Stress *jeglicher* Art; Männer haben unter Stress hingegen oft mehr Lust auf Sex.

Das Warten auf die «spontane» Gelegenheit, dass beide exakt zur gleichen Zeit Lust haben, ist eine Illusion – es kommt recht selten vor.

Frustration oder Entmutigung, wenn der Sex nicht «gut» war.

Lösungen

«Guten» Sex muss man lernen! Nur der reine Sexualakt ist naturgegeben, die Lust muss man fördern und pflegen: Guten Sex lernt man durch Sex. Man kommt deshalb nicht darum herum, miteinander zu reden, sich zu öffnen und den Mut zu finden, auch ausgefallene Wünsche auszusprechen. Wichtig ist dabei, die Vorschläge des anderen nicht a priori abzulehnen oder sich gar empört, beleidigt, beschämt zu zeigen, sondern sie unvoreingenommen, neugierig anzuhören und auch einmal zu wagen, sie auszuprobieren – dann kann man für sich selbst entscheiden, ob man etwas mag oder nicht.

Es ist absolut unumgänglich, sich zu zeigen, wie man in Wahrheit ist, und seine Wünsche, Gefühle und Überzeugungen auszudrücken. Prallt dabei Unvereinbares aufeinander, so muss im Gespräch ein gemeinsamer Nenner gefunden werden, mit dem beide Partner zufrieden sind.

Stressbewältigung kann man lernen; es gibt Kurse und Literatur zu diesem Thema.

Meistens beginnt die Lust beim einen Partner, der dann den ersten Schritt macht. Der andere sollte sich darauf einlassen und die Annäherung nicht von vornherein abblocken. Er kann sich fürs Erste «rational» dafür entscheiden und schauen, ob die Lust sich einstellt.
Auch muss Sex nicht unbedingt spontan sein. Die beiden Partner können sich durchaus dazu verabreden und eine Stimmung schaffen, welche die Erotik fördert – ohne die Verpflichtung, es müsse zum Sexualakt kommen. Es darf auch beim Kuscheln bleiben.

Sex ist nicht immer «guter Sex»! Das ist normal und man muss es in Kauf nehmen. Es ist absolut kein Grund, deswegen niedergeschlagen oder enttäuscht zu sein oder sich schuldig zu fühlen, im Gegenteil: Man versucht es möglichst bald wieder und freut sich darauf.
Zudem muss man sich vom Bedürfnis befreien, jedes Mal eine positive Bestätigung des Partners zu bekommen.

VIII. Gefährliche Illusionen

Besonders in den sozialen Medien treffe ich tagtäglich auf «schöne Sprüche», auch über Liebe und Beziehungen, und ich meine jetzt nicht die banalen oder sinnentleerten wie «Ohne Liebe verhungert die Seele» und «Wenn Treue Spaß macht, dann ist es Liebe.» Ich spreche von den Weisheiten, die uns sagen, wie wir uns zu verhalten haben, und bei denen fast jeder zustimmend nickt – wie früher bei den Kalendersprüchen.

Verliebe dich in jemanden, der dein Herz verdient, nicht in jemanden, der damit spielt.

Verändere dich nicht für andere, denn es gibt Menschen, die dich so lieben, wie du bist.

Kämpfer geben niemals auf. Sie weinen und leiden, aber sie kämpfen weiter.

Wenn zwei sich wirklich mögen, finden sie einen Weg, zusammen zu sein.

Das Leben ist wie eine Leinwand: Jeden Morgen entscheidest du, ob du am alten Bild malst oder mit einem neuen beginnst.

HALTE DIE VERGANGENHEIT NICHT FEST. DU BRAUCHST BEIDE HÄNDE, UM NACH DER ZUKUNFT ZU GREIFEN.

Wenn du dich selbst bedingungslos liebst, bist du frei.

Zweifle niemals an dir und versuche nicht, es allen recht zu machen.

Warte nicht auf den perfekten Moment, nimm dir den Moment und mach ihn perfekt.

So weise die Aphorismen auch scheinen mögen, sie bergen mehr als eine Gefahr. Die erste: Sie stehen isoliert da, stellen also eine Forderung in den Raum, ohne zu erklären, wie ich unwissender Mensch diese erfüllen kann – nicht einmal, wie ich *lernen* kann, sie zu erfüllen. In ihrer einleuchtenden Banalität sind manche schon fast zynisch, wie der folgende: «Das mit dem Leben ist eigentlich ganz einfach: Lass gehen, was dir wehtut, und halte fest, was deiner Seele guttut.» Aha. Wer weiß und möchte das nicht?! Aber wie schaffe ich es, konkret? Solche Aussagen vermitteln, besonders wegen ihrer inflationären Fülle, mehr oder weniger bewusst den Eindruck, alle anderen seien klug, lebenserfahren und würden weise entscheiden und handeln – nur ich bin dumm und schwach und kann es nicht. Dadurch sind die Sprüche nicht nur nutzlos, sondern schwächen darüber hinaus das Selbstwertgefühl. Die zweite, noch größere Gefahr: Wenn wir diese Weisheiten in unsere Beziehung einbringen und den Liebsten daran messen oder ihn mit solchen Sprüchen füttern und von ihm erwarten, ihn gar dazu auffordern, sie zu befolgen.

Wir dürfen die Lebensweisheiten selbstverständlich lesen und uns daran erfreuen, manche sind ja tatsächlich schön, zuweilen poetisch oder heiter. Jedoch immer im Bewusstsein, dass sie – sogar wenn sie wahr sind – ein Idealbild malen, dem wir und unser Liebster nicht ohne Weiteres gerecht werden können, dem im realen Leben *niemand* vollumfänglich gerecht wird, ohne lange und hart an sich zu arbeiten. Betrachten wir sie als Ansporn, uns selbst (nicht aber den Partner!) zu verbessern, dann mögen sie uns helfen, vorausgesetzt wir befassen uns eingehend damit und sind gewillt, Mühsal auf uns zu nehmen.

Weise Sprüche und Idealvorstellungen über die Liebe existieren allerdings nicht erst seit Facebook & Co. Man findet sie in →Märchen, Gedichten, Balladen, Schlagern, Liebesromanen- und filmen. Zwei Sprüche, die man oft hört, will ich entkräften, denn sie verleiten zu Illusionen, die weder uns selbst noch der Paarbeziehung guttun. Der erste:

→ Siehe «Die heile Welt der Fantasie», Seite 108.

• *Liebe verzeiht alles.*

Im →Hohelied der Liebe aus der Bibel geht es sogar noch weiter: «Sie erträgt alles, glaubt alles, hofft alles, hält allem stand.» Dem stimme ich zu, verstehen wir unter Liebe die wahre, bedingungslose, vorbehaltlose, uneigennützige Liebe. Eine Liebe, die man wohl nur im Himmel lebt. Hier auf Erden gibt es Vorkommnisse, über die hinwegzusehen wir aus unserem Naturell, unserer Prägung, unserer inneren Weisheit nicht in der Lage sind. Abgesehen davon bin ich

→ Siehe 1. Korinther 13, 7 f.

→ Auf das Verzeihen gehe ich ausführlicher ein in Abschnitt 3 von Kapitel XI, Seite 138 ff.

der Meinung, dass wir nicht endlos →verzeihen müssen. Wievielmal soll ich denn dem Partner sein Fremdgehen vergeben? Einmal, viermal, siebenmal, ...? Oder den Alkoholexzess? Dreimal monatlich, zweimal wöchentlich, täglich? Was wiegt hier schwerer, meine Selbstliebe, die mir sagt «So will ich nicht leben!» oder die Liebe zum Partner, die immer wieder beide Augen zudrücken müsste? Ich bin mir bewusst, dass sich diese Frage bei *reiner Liebe* nicht stellen würde und ich einigem zu widersprechen scheine, wofür ich andernorts in diesem Buch plädiere. Selbsterniedrigung und Selbstzerstörung gehören aber nicht dazu.

Schauen wir es auch einmal von einer höheren Warte an: Bedingungslos lieben zu lernen ist etwas vom Erstrebenswertesten im Leben, keine Frage, doch andere Bereiche der inneren Entwicklung sind ebenso wichtig. Einer davon ist die Selbstliebe, ein weiterer die Überwindung von Ängsten, die teilweise auf einem schwachen Selbstwertgefühl gründen. Beispielsweise die Verlustangst. Sind wir denn sicher, dass wir dem Partner aus reiner Liebe verzeihen und nicht etwa, weil wir ihn nicht verlieren, nicht allein bleiben wollen und dafür sogar Demütigung und Leid in Kauf nehmen? Nicht selten ist Letzteres der wahre Grund, somit wertlos. Dann besteht der bedeutendere, schwierigere Lernschritt für uns zweifellos darin, *nicht* zu verzeihen.

Im Zusammenhang mit der Persönlichkeitsentwicklung gibt es einen weiteren Aspekt. Neben unserer Pflicht zum eigenen inneren Wachstum besteht eine analoge Pflicht unserem Nächsten gegenüber: ihn darin unterstützen, seine Unzulänglichkeiten zu erkennen und zu überwinden. Und wir helfen ihm nicht, lassen wir ihm alles durchgehen. Woher soll er die Motivation zur Veränderung nehmen, wenn für ihn alles immer gut ausgeht und er nie die Konsequenzen seiner Entscheidungen und Handlungen tragen muss?

Der zweite Spruch, der uns eine heile Welt vorgaukelt, die nichts mit der Realität zu tun hat:
• *Wahre Liebe überwindet jedes Hindernis.*
Natürlich wäre es schön, wenn es wahr wäre! Und es uns gelänge, jedes Hindernis zu überwinden für unsere Liebe. Doch so ist es nicht. Es gibt Situationen, die eine Beziehung

verunmöglichen, trotz aller Liebe, etwa Sucht und Gewalt. Das sind Hindernisse, die wir in der Regel nicht überwinden *können*, weil Süchtige und Gewalttäter sich nicht durch Liebe und Nachsicht ändern. Es handelt sich vielmehr um echte Krankheiten, bei denen selbst erfahrene Therapeuten oft scheitern.

Aber sogar vordergründig banale äußere Umstände können eine Partnerschaft so schwer belasten, dass sie mit der Zeit zerbricht, was Außenstehende zuweilen nicht verstehen. Sie meinen, das müsste man doch in den Griff bekommen, wenn man sich wirklich liebt. Ich denke beispielsweise an Fernbeziehungen oder die starke berufliche Beanspruchung des einen Partners, wodurch die gemeinsam verbrachte Zeit minimal ist und der Boden gewissermaßen nicht fruchtbar genug, um die Beziehung zu nähren und gesund wachsen zu lassen – denn (fast) jede Beziehung, an der nicht beide bewusst und willentlich arbeiten, droht auf die Dauer zu scheitern.

Ein weiteres Beispiel für nicht überwindbare Hindernisse sind gegensätzliche Wertvorstellungen, unter anderem in moralischer oder religiöser Hinsicht, aber etwa auch was die Kindererziehung betrifft. Stellen Sie sich vor, Sie sind ein ehrlicher Mensch, ihr Liebster hingegen belügt und betrügt seine Geschäftspartner. Schaffen Sie es nicht, ihn zu ehrlichem Handeln zu motivieren, so werden sie bei aller Liebe nicht mehr mit ihm zusammenleben wollen. Oder er gerät in die Fänge einer Sekte: Bekommen Sie ihn nicht schnell wieder heraus, werden Sie die Beziehung beenden müssen, falls nicht er es unter dem neuen Einfluss vorher tut. Und wenn Sie die Kinder liebevoll, aufbauend, nachsichtig erziehen, Ihr Partner hingegen findet, eine Tracht Prügel schade nicht: Gelingt es Ihnen nicht, ihn vom Gegenteil zu überzeugen, so bleibt Ihnen doch nichts anderes übrig, als mit den Kindern, zu deren Wohl und auch zu ihrem, auszuziehen.

Sie sind nicht schlecht oder unfähig, lösen Sie aus solchen Gründen eine Beziehung auf! Trotz Liebe.

Zu guter Letzt will ich noch auf die Aussage eingehen, die sich im traditionellen Eheversprechen findet:

• *... bis dass der Tod uns scheidet.*
Das wünschen wir uns alle, wenn wir eine Beziehung mit dem geliebten Menschen eingehen: zusammenbleiben bis an unser Lebensende. Und natürlich wäre es abstrus, zögen wir im Zeitpunkt der Eheschließung bereits die Scheidung in Betracht. Doch realistischer wäre es.

Das Eheversprechen soll zwar bindend sein – wie jedes andere Versprechen. Das Übel liegt darin, ein solches überhaupt abzugeben. Wir können und dürfen uns nicht dazu verpflichten, uns ein Leben lang an einen anderen Menschen zu ketten. Es widerspricht nicht nur der weltlichen Betrachtungsweise, sondern auch der geistigen: Das Leben ist Wandel, ständig im Fluss, und wir wissen nicht, was in Zukunft geschieht. Vor allem aber fordert das Leben *innere* Wandlung. Vielleicht können wir uns lange, sehr lange an der Seite des gleichen Menschen entwickeln, das gibt es, zweifellos, vorausgesetzt er bringt den Willen zum inneren Wachstum ebenfalls mit. Wahrscheinlicher ist aber, dass wir immer wieder neue Impulse, neue Herausforderungen brauchen, um innerlich voranzukommen.

Vergessen wir zudem nicht, dass dieses Versprechen, das bei kirchlichen Trauungen seit dem 16. Jahrhundert verwendet wird, aus einer Zeit stammt, als ein Fünfzigjähriger steinalt war. Seine Ehe bestand also etwa drei Jahrzehnte. Bei unserer heutigen Lebenserwartung kann die Ehe, obwohl wir sie nicht mehr so jung eingehen wie damals, sechzig Jahre und mehr dauern. Lassen wir uns in dem Alter scheiden, in dem das Leben unserer Vorfahren bereits zu Ende war, so bleiben uns im Schnitt noch über dreißig Jahre, die wir in einer glücklichen Beziehung mit einem neuen Partner (oder mehreren) verbringen können.

Mit diesen Aussagen will ich keineswegs dazu aufrufen, sich vorschnell oder leichtfertig zu trennen, treten Schwierigkeiten auf, wie man es zuweilen leider sieht. Ausharren, kämpfen, Herausforderungen annehmen, all dies dient ebenso der Persönlichkeitsentwicklung wie der Mut, die Beziehung zu beenden. Jeder Fall ist anders, eine allgemeine Empfehlung gibt es nicht. Worauf ich jedoch das Augenmerk lenken will: Geben wir uns nicht der Illusion hin, eine Partnerschaft *müsse* bis zum Tod dauern. Das könnte uns dazu verleiten, unnötig lange in einer Lage durchzuhalten, die für unsere Seele nicht gut ist.

In Wahrheit geht es nicht darum, dass die Partnerschaft *möglichst lange hält*, sondern darum, dass wir, *solange sie hält*, glücklich sind. Zerbricht sie, aus welchen Gründen auch immer, dann folgt eben eine neue. Haben wir aus der vorangehenden gelernt und uns innerlich entwickelt, so wird die nächste glücklicher verlaufen.

* * *

Fazit

Bleiben wir realistisch: Schöne Sprüche nähren Romanzen und tragen nichts zum Aufbau einer guten Liebesbeziehung bei. Einmal mehr zählen nicht die Worte, sondern nur die Taten – das ist doch ein schöner Spruch zum Abschluss!

Die heile Welt der Fantasie

Welche Frau wünscht sich nicht den Märchenprinzen? Welcher Mann nicht die schöne Meerjungfrau? Gut, bei Männern bin ich mir heutzutage nicht mehr sicher, ob sie nicht den Pornostar der Videos bevorzugen, die sie schon in jungem Alter auf ihren Handys anschauen. Aber das gehört jetzt nicht hierher.

Tatsache ist, dass wir, vor allem wir Frauen, von der Unterhaltungsindustrie gefüttert werden mit Rosaromanzen, seien es Romane oder Filme, in denen die unschuldige, schöne, junge Frau am Ende, nach Missverständnissen und Intrigen der Nebenbuhlerinnen, den Traumprinzen bekommt, und er, der gutaussehende, reiche, gebildete Mann, schließlich, nach inneren Konflikten und Auseinandersetzungen mit seiner Familie, eine einfache Arbeiterin oder Prostituierte heiratet. Und sie lebten glücklich und zufrieden, und wenn sie nicht gestorben sind…

Märchen. Obwohl wir rational natürlich wissen, dass es diese Lovestorys und Happy Ends in der Realität nur äußerst selten gibt, sind wir unbewusst dennoch darauf konditioniert. Aus unserem Partner, dem normalen, unvollkommenen Menschen, wollen wir den Traumprinzen, die Traumprinzessin machen und projizieren in unsere normale Beziehung übersteigerte Erwartungen und Forderungen. Wir wollen eine Romanze leben, nicht den gewöhnlichen Alltag mit seinen gewöhnlichen Herausforderungen.

Schlager von Roy Black aus dem Jahr 1966.

Dies drückt sich ebenfalls in den Schlagern, Songs, Chansons und Canzoni aus, von denen wir uns ständig berieseln lassen. «Ganz in Weiß, mit einem Blumenstrauß, so siehst du in meinen schönsten Träumen aus…», hieß es in meiner Jugendzeit. Dieser Stil der Texte hat sich bis heute nicht geändert. Er zieht sich durch alle Kulturen und Epochen. So finden wir ihn schon im Minnesang des Mittelalters und in den traurigen englischen Balladen, ebenso wie in der Liebeslyrik des alten Orients: «Gegen den Zauber deiner Augen schützt mich kein Amulett, denn die Kraft deiner Blicke geht sogar durch Stein und Eisen.»

Ewhadi, Persien, 13. Jahrhundert.

Es ist nichts dagegen einzuwenden, einmal mit feuchten Augen einen Liebesfilm oder -roman zu genießen. Es tut der Seele zuweilen gut, inmitten all der bedrückenden Nachrichten und Reportagen aus der Realität ein bisschen heile Welt vorgegaukelt zu bekommen. Allerdings nur, wenn wir uns im Klaren sind, dass diese Geschichten nichts mit unserem alltäglichen Dasein zu tun haben.

IX. Andere Beziehungsmodelle

Sie wissen jetzt, dass die Liebe als Deal nicht funktioniert, haben die wesentlichen Hindernisse einer glücklichen Beziehung erkannt und bereits viele Anregungen bekommen, wie Sie mit Ihrem Liebsten und mit sich selbst in Eintracht und Zufriedenheit leben können. Bevor ich noch ausführlicher darauf eingehe, wie Sie konkret an Ihrer Partnerschaft arbeiten können, will ich die Frage aufwerfen, ob es andere bekannte Modelle gibt, die erfolgversprechender für unser Glück sind als die bei uns übliche Liebesheirat. Schauen wir also kurz andere Beziehungsformen an, die teilweise schon sehr lange praktiziert werden. Vergessen wir nicht, dass die heutzutage selbstverständliche Liebesheirat eine recht moderne Erfindung ist: Auch in unserem Kulturkreis war es bis ins 19. Jahrhundert hinein, wie in den Jahrtausenden davor, gang und gäbe, dass die Eltern den Ehepartner der Kinder wählten, meistens aus materiellen Gründen wie Besitz und Herkunft, in Adelskreisen hauptsächlich aus wirtschaftlichen und machtpolitischen Motiven. Es handelte sich jedenfalls immer um eine Art Rechtsgeschäft – also um einen Deal.

1. Arrangierte Ehe

Erst im Zeitalter der Romantik gegen Ende des 18. Jahrhunderts wurde die arrangierte Ehe bei uns überhaupt in Frage gestellt und es kam die Vorstellung auf, der Bund fürs Leben müsse auf Zuneigung gründen und nicht auf einer Pflicht. In anderen Kulturen, etwa in Indien, ist es bis heute üblich, Ehen zu arrangieren. Das darf nicht mit Zwangsheiraten verwechselt werden: Meistens gehen die Kinder solche Ehen freiwillig ein und die Eltern geben sich in der Regel Mühe, einen guten Partner zu finden.

Sucht man sich den Partner nicht selbst aus, so bedeutet dies in einem Satz: Man heiratet nicht, wen man liebt, sondern lernt denjenigen zu lieben, mit dem man verheiratet ist. Undenkbar für uns? Es gibt zwar Statistiken darüber, dass arrangierte Ehen länger halten, doch die Frage, ob sie auch glücklicher sind, wird dabei nicht beantwortet. Zudem sind diese Statistiken für uns nicht aussagekräftig, da sie aus fremden Gesellschaften mit anderen Werten stammen, in denen Scheidungen sozial geächtet sind.

Doch überlegen wir einmal: Was ist am Ende entscheidend, ob Beziehungen bei uns glücklich sind und halten? Offenbar nicht die Liebe, sieht man sich die Scheidungsraten und Scheidungsgründe an, sondern vielmehr, ob die beiden Partner in ihrem alltäglichen Leben auf die Dauer miteinander zurechtkommen.

Immer vorausgesetzt, die Eltern oder der von ihnen beauftragte Heiratsvermittler finden einen Partner, der zu uns passt, sodass die Beziehung im Alltag gut funktioniert, warum sollten wir ihn mit der Zeit nicht auch lieben? Vielleicht fehlt dabei die von uns ersehnte – jedoch überbewertete – Phase der Schmetterlinge im Bauch, doch dass die Verliebtheit und Leidenschaft eine Beziehung nicht trägt, wird daraus später nicht Liebe, wissen wir ja. Und ganz ehrlich, was ist eine Partnerschaft, die auf einer Dating-Plattform ihren Anfang nimmt, anderes als eine auf der Basis gemeinsamer Interessen und Werte arrangierte Beziehung? Oder wenn Freunde uns mit potentiellen Partnern zu verkuppeln versuchen?

2. Vernunftheirat

Im Kriegs- und Nachkriegsdeutschland Mitte des 20. Jahrhunderts kam diese Form der Eheschließung wieder auf, da es viele Frauen gab, deren Mann im Krieg umgekommen war und die ihre materielle Existenz irgendwie sichern mussten. Warum also nicht durch eine Ehe mit einem Partner, der für sie sorgen konnte. Für uns heillose Romantiker, die an die Liebe glauben, unvorstellbar? Dann erinnern wir uns doch daran, wie wir unseren Partner gewählt haben.

• Vielleicht fühlten wir uns durch sein Äußeres angezogen, schöne Augen, weise Reden oder auch – verzeihen Sie mir meine böse Nüchternheit – durch den BMW-Schlüssel in seiner Hand und die teuren Designerklamotten.

• Vielleicht suchten gar nicht wir ihn aus, sondern er uns. Er warb um uns, vermittelte uns das Gefühl, wir seien für ihn einzigartig und wertvoll, das Wichtigste in seinem Leben, er wolle uns unbedingt, bis wir, obwohl anfänglich nicht interessiert, geschweige denn verliebt, durch sein Werben schwach wurden und eine Beziehung mit ihm eingingen. Und die Liebe wuchs mit der Zeit und wurde immer tiefer.

- Vielleicht war es aber tatsächlich →Liebe auf den ersten Blick, Amors Pfeil, unerklärlich, überwältigend, unausweichlich. Dann verführten uns wohl – verzeihen Sie meine nüchterne Wissenschaftlichkeit – seine passenden →Gene, die über die von ihm abgegebenen und von uns (unbewusst) aufgenommenen Duftstoffe den «Liebesschalter» in unserem Gehirn umlegten und die Ausschüttung von Glückshormonen verursachten.

→ Siehe «Liebe auf den ersten Blick». Seite 114 f.

→ Siehe «Die Anziehungskraft» Seite 70 f.

In diesem letzten Beispiel wäre unsere Wahl also durch den Instinkt bestimmt, unser animalisches Pendant zur Vernunft. Und diese Vernunft bestimmt doch auch, betrachten wir es genau, unsere Wahl in den vorangehenden zwei Fällen. Oder ist es etwa nicht vernunftbasiert, jemanden zu wählen, der gut aussieht, intelligent und/oder vermögend ist? Oder uns in den Himmel hebt, uns liebt und uns dadurch Glück verspricht? So weit ist folglich unser Auswahlverhalten von einer auf materiellen Erwägungen oder auf dem sozialen Status beruhenden Vernunftheirat nicht entfernt. Allerdings können sich die meisten von uns wahrscheinlich nicht vorstellen, *bewusst* eine Beziehung aus rationalen Motiven und nicht aus Liebe einzugehen.

3. Polygamie/Polyandrie/Polyamorie

Sprechen wir von Vielehe, so denken wir vor allem an Männer, die mit mehreren Frauen verheiratet sind (Polygynie), wie es im Islam erlaubt ist. Dieses Phänomen findet sich ebenfalls außerhalb des muslimischen Kulturraums, beispielsweise in Kenia, und nach wie vor unter den Mormonen, obwohl sich deren offizielle Religion schon gegen Ende des 19. Jahrhunderts davon distanzierte. Biologisch gesehen wäre es ja durchaus sinnvoll, wenn ein Mann mehrere Frauen hat und so mehr Nachkommen zeugen kann. Zudem würde man in unseren traditionell patriarchalischen Gesellschaften erwarten, dass diese Form der Ehe auf höhere Akzeptanz stößt und weiter verbreitet ist.

→ Dieses Kunstwort aus dem altgriechischen *polys* (mehrere, viel) und dem lateinischen *amor* (Liebe) wurde erst am Ende des 20. Jahrhunderts erfunden.

→ Studie «Sex in der Schweiz» der Forschungsstelle sotomo, Quelle: Tages-Anzeiger November 2016. Angaben für Deutschland: Studie der Georg-August-Universität Göttingen 2008.

→ Studie «Offene Partnerschaft» der Georg-August-Universität Göttingen.

Weltweit viel seltener ist die Polyandrie: Mehrere Männer, in der Regel Brüder, gehen eine Verbindung mit einer Frau ein, was vorwiegend aus praktischen Gründen vorkommt.

In unserer Kultur ist die Polygamie/Polyandrie gesetzlich verboten, nicht aber die →Polyamorie. Dieser jüngere Begriff bezeichnet nichts anderes als die Polygamie/Polyandrie ohne Trauschein, nämlich wenn jemand mit mehreren Partnern eine Liebesbeziehung pflegt, wobei dies allen Beteiligten bekannt ist und sie damit einverstanden sind. Im Unterschied zur freien Liebe der 1968er, bei der es hauptsächlich um den Sex ging, handelt es sich bei der Polyamorie um langfristige Verbindungen, in denen tatsächlich alle Aspekte einer Liebesbeziehung gelebt werden.

Hierzulande ebenfalls nicht gesetzlich geahndet, sind außereheliche Zweitbeziehungen. In manchen Ländern wird Ehebruch hingegen hart bestraft. Es mag erstaunen, dass er sogar in einigen Staaten der USA noch als Vergehen oder Verbrechen gilt, obwohl er selten verfolgt wird.

Nach einer →Schweizer Studie gingen fast jede vierte Frau und fast jeder dritte Mann mindestens einmal fremd während einer festen Beziehung. In Deutschland gaben 55 Prozent der Frauen und 49 Prozent der Männer an, bereits einmal untreu gewesen zu sein. Dabei handelte es sich lediglich bei gut jeder achten untreuen Frau und jedem sechsten untreuen Mann um einen One-Night-Stand, bei den meisten also um eine längere Affäre. Paradox ist, dass rund 97 Prozent der Männer und Frauen in einer Beziehung Treue erwarten! Es besteht also eine enorme Diskrepanz zwischen dem, was wir wollen, und dem, was wir tun – ein Phänomen des irrationalen emotionalen Ego.

4. Offene Partnerschaft / Gruppenbeziehung

Es gibt allerdings auch Menschen, denen Treue nicht so wichtig ist und die in einer →offenen Partnerschaft leben, wobei sich die «Offenheit» ausschließlich oder hauptsächlich auf den sexuellen Aspekt beschränkt. Für rund jedes hundertste Paar stellt die offene Beziehung eine Alternative zur konventionellen dar und Studien-Daten zeigen, dass sie dabei im Mittel weder glücklicher noch unglücklicher ist als eine monogame. Voraussetzung ist natürlich, dass beide Partner damit einverstanden sind; erklärt nur einer die Beziehung für offen, was häufiger vorkommt, so ist die Situation für den anderen sehr schmerzhaft und die Partnerschaft wird früher oder später daran zerbrechen.

Da ich mich noch gut an die 1968er-Jahre der sexuellen Revolution und an die Kommunen mit freier Liebe, sprich: freizügigem Sex, erinnere, bezweifle ich, dass eine offene Partnerschaft auf die Dauer funktioniert. Ich beobachtete seinerzeit mehrmals, wie bestehende oder neu gebildete Paare innerhalb solcher Gruppen mit der Zeit die Promiskuität nicht länger duldeten; viel Leid entstand vor allem, wenn sich jemand in ein Kommunenmitglied verliebte und eine ausschließliche Beziehung wünschte, dies jedoch nicht auf Gegenseitigkeit beruhte.

Generell dürften offene Partnerschaften vor allem dann scheitern, wenn von einem der Beteiligten über die vereinbarte sexuelle Freizügigkeit hinaus weitere Ansprüche gestellt werden, beispielsweise mehr Zeit zusammen zu verbringen oder finanzielle Unterstützung.

*   *   *

Quintessenz

Es ist nicht ausgeschlossen, dass andere Partnerschaftsformen uns glücklich machen können. Es geht darum, uns ehrlich zu fragen, was wir wirklich wollen: Einen treusorgenden Menschen an unserer Seite? Starke Emotionen? Unbegrenzte Freiheit? Lust und Spaß? Anhaltende Zufriedenheit? Romantische Liebe?

Was wir alle nicht wollen, sind Leid, Schmerz, Konflikte, Sorgen, ... Und wie wir alle wissen, lassen diese sich nicht (ganz) vermeiden, wenn wir lieben. Sie können uns jedoch helfen, die Art, wir wir die Partnerschaft sehen, zu überdenken, an uns zu arbeiten und innerlich zu wachsen, um schließlich eine wahre Liebesbeziehung zu erfahren. Dann spielt es auch keine Rolle, nach welchem der in diesem Kapitel erwähnten Modelle wir die Partnerschaft ursprünglich eingegangen sind und/oder gelebt haben.

Liebe auf den ersten Blick

Im Kontext der Vernunftheirat in diesem Kapitel habe ich die Liebe auf den ersten Blick bewusst auf eine wissenschaftliche Erklärung reduziert. Dabei glaube ich an das Wunder von Amors Pfeil, der beide gleichzeitig mit einer Macht trifft, der sie sich in keiner Art und Weise entziehen können, egal wie widrig die äußeren Umstände sind und wie sehr sie sich dagegen wehren. Für mich persönlich ist es inzwischen sogar die einzige Basis, eine Beziehung einzugehen.

Als spiritueller Mensch bin ich davon überzeugt, dass wir uns in denjenigen Partner verlieben, der im jeweiligen Zeitpunkt am besten geeignet ist, unsere innere Entwicklung zu fördern. Häufig ist es jemand, der das besitzt, was uns selbst fehlt: Bin ich kühl und kopflastig, ist der Partner warmherzig und emotional. Das Ziel ist, voneinander zu lernen, und nicht primär, zusammen glücklich zu werden. Vielleicht trifft sogar das Gegenteil zu: Am meisten lernen wir nämlich durch Herausforderungen. Und wenn wir lieben, neigen wir weniger dazu, diesen auszuweichen, wie wir es in anderen Lebensbereichen gern tun.

Ebenso unwichtig ist es, wie lange die jeweilige Beziehung hält: Sie endet – wird vom Schicksal, vom Göttlichen, von höheren Mächten, wie wir es nennen wollen, entzweit –, wenn sie ihren Zweck erfüllt hat und wir einen anderen Partner brauchen, der uns als Werkzeug für die weitere Entwicklung dient. Oder wenn eine Zeit des Alleinseins für uns sinnvoll ist. Daraus erklärt sich aus spiritueller Sicht das Phänomen, das wir mitunter bei uns selbst und anderen beobachten können: Wir lassen uns mehrmals auf eine →ähnliche Art Mensch ein, obwohl er uns, objektiv betrachtet, nur Kummer bringt. Außenstehende können es jeweils kaum verstehen, dass wir immer wieder auf den gleichen Typ Partner hereinfallen. Doch sobald wir die vorgesehene Lebenslektion gelernt haben, werden wir uns in einen «besseren» Menschen verlieben und eine glücklichere Beziehung führen.

In meinem über fünf Jahrzehnte langen Beziehungsleben habe ich all diese →Erfahrungen am eigenen Leib gemacht:

- Meinen langjährigen Lebenspartner nahm mir der Tod. Trotz des riesigen Schmerzes verstand ich bald, dass ich wegen unserer glücklichen, fast sorgenlosen Beziehung innerlich jahrelang nicht mehr gewachsen war. Und weil ich eben so glücklich war mit ihm, hätte ich mich nie freiwillig getrennt und noch viele weitere Jahre in innerem Stillstand verharrt, weshalb das «Schicksal» ihn mir entreißen musste. Sein Tod hat mein Leben auf den Kopf gestellt und eine rasante innere Entwicklung in Gang gesetzt.

→ Psychologisch gesehen verlieben wir uns immer wieder in einen ähnlichen Partner, weil wir bestimmten Mustern unterliegen.

→ Über diese persönlichen Erfahrungen erzähle ich ausführlicher in meinen Büchern «Karma Yoga» und «Ich liebe mich selbst»; Infos Seite 178 f.

• Diese innere Entwicklung unterstützte und förderte mein neuer Freund, ein spiritueller Therapeut. Unsere Beziehung scheint mir im Rückblick einzig diesen Sinn gehabt zu haben, denn besonders glücklich war ich dabei nicht. Allerdings ein eminent wichtiger Sinn, lehrte er mich doch Selbstliebe und Urvertrauen. Nach ein paar Jahren, als ich darin und generell auf meinem spirituellen Weg gefestigt war, gingen wir auseinander.

• Erst bei meinen beiden letzten Beziehungen war es Liebe auf den ersten Blick, jeweils eine Explosion im Herzen, die gleichzeitig auch der Partner empfand. Und beide Male waren die äußeren Umstände so schwierig, ja aussichtslos, dass mein Verstand sofort hätte sagen müssen: «Lass die Finger davon!» Sagte er auch. Aber die Charakteristik solch schicksalhafter Begegnungen liegt darin, dass wir uns nicht dagegen wehren können, selbst wenn wir es versuchen, wir sind völlig machtlos. Und mit machtlos meine ich nicht, die treibende Kraft sei das Ego, auf kurzfristigen Genuss aus und sich wenig darum scherend, ob es später nur noch wehtut. Vielmehr ist es die Seele, und obschon wir uns sehr wohl bewusst sind, dass wir leiden werden, fühlen wir, dass es gut und richtig ist, nicht auszuweichen. Weil wir etwas daraus lernen können/müssen.

Meine erste Liebe auf den ersten Blick war ein Mann, der eine gute Woche vor unserer Begegnung die Diagnose Krebs mit fortgeschrittener Metastasierung bekommen hatte; die Ärzte gaben ihm nicht viel mehr als ein Jahr zu leben. Ich brauche nicht zu erzählen, wie schwer dieses Jahr war, das wir zusammen noch hatten – aber ich betone, dass es für uns beide eine außerordentlich intensive, bereichernde, lehrreiche und oft sogar heitere Zeit war.

Nach dieser ersten Erfahrung, wie Liebe auf den ersten Blick sich anfühlt, kam es für mich nicht mehr in Frage, eine Beziehung auf einer anderen Basis einzugehen. Deshalb dauerte es fast ein Jahrzehnt, bis ich mich erneut darauf einließ. Natürlich war es wieder eine komplizierte, herausfordernde Partnerschaft, die von Anfang an, nüchtern betrachtet, keine Zukunft hatte. Doch sie musste sein, denn bei diesem Mann habe ich wahrhaft selbstlose Liebe erfahren: Er liebte mich ohne Vorbehalte, ohne Bedingungen, und noch nie hat mir jemand solch uneingeschränkten Respekt entgegengebracht. Obwohl ich mich auf dem Gebiet der Paarbeziehungen bereits vorher für recht «weise» hielt, habe ich von ihm noch eine Menge gelernt. Was ebenfalls in dieses Buch eingeflossen ist.

X. Die SAKE-Formel

Bestimmt haben Sie sich schon gefragt, bei einer eigenen Paarbeziehung oder bei Bekannten: Wie kann es sein, dass der Mensch, in den man sich einst verliebte, nach einer kürzeren oder längeren Zeit (nur noch) Gefühle von Missfallen, Enttäuschung, Frustration, Verärgerung, sogar Abneigung oder Hass hervorruft? «Ich habe mich in ihm getäuscht» oder «Später hat er sein wahres Gesicht gezeigt», sagen wir dann. Hat der Mensch an unserer Seite Eigenschaften, die nicht mit unseren Werten vereinbar sind, bleibt tatsächlich nur die Trennung.

Doch wesentlich häufiger hört man: «Er hat sich/ich habe mich verändert» oder «Wir haben uns auseinandergelebt.» Damit erklären wir uns selbst und anderen das Ende der Beziehung. Mitunter handelt es sich aber eher um Rechtfertigungen. Denn oft empfinden wir das Auseinanderbrechen als eigenes Scheitern und persönliches Versagen. Kaum je zu Recht. Meistens liegt es schlicht an unserer Unwissenheit über das Zwischenmenschliche und wahre Werte, nicht selten auch daran, dass wir uns selbst nicht kennen.

Ein Grundübel ist, dass wir davon ausgehen, eine Paarbeziehung sei ein Perpetuum mobile, das durch den Anstoß der anfänglichen Verliebtheit sich selbst ewig am Leben erhält. In Wahrheit handelt es sich um ein äußerst zartes, auf jegliche Einwirkung extrem sensibel reagierendes Pflänzchen, das →gehegt und gepflegt werden muss, soll es nicht verdorren und eingehen. Das andere Grundübel liegt darin, ich kann es nur wiederholen, dass wir die Liebe als einen Deal in irgendeiner Form leben und das reine Gefühl mit Bedingungen und Vorbehalten, mit dem eigenen Ego oder gar Egoismus behaften.

Erinnern Sie sich an meine Äußerung am Ende des ersten Kapitels, dass aus der reinen Liebe etwas Egoisches oder gar Egoistisches wird, weil es der menschlichen Natur entspricht? Nun eine ebenso schlichte, aber sehr ermutigende Aussage: *Es ist möglich, die anfängliche reine Liebe zu*

→ Siehe «Pflegen der Liebesbeziehung», Seite 118.

erhalt oder unsere durch das Ego verzerrte Liebe wieder in reine Liebe zu verwandeln. Wir müssen nicht akzeptieren, dass unsere Paarbeziehung so unvollkommen ist und uns Kummer bereitet! Wir besitzen nämlich die →Fähigkeit, unsere Entwicklung selbst zu fördern und in die Richtung zu lenken, die uns – und damit unseren Mitmenschen, also auch dem Partner – allgemein mehr Zufriedenheit und weniger Leiden bringt. Uns ändern, manche Vorstellungen, Verhaltensmuster, Bewertungen über Bord werfen, teilweise gar über den eigenen Schatten springen, all das können wir. Es wird uns in der Regel aber nichts geschenkt, es ist Arbeit. Doch lohnende Arbeit.

→ Die Selbstveränderung, um auf dem «sonnigen Weg durch das Leben» zu wandern, ist das Thema meines Buches «Karma Yoga»; Info siehe Seite 179.

Nachdem ich in den vorangehenden Kapiteln durch das Aufzeigen der Hindernisse bereits viele Anregungen vor allem dazu gegeben habe, was wir in unserer Paarbeziehung *vermeiden sollen*, will ich auf den folgenden Seiten erläutern, was wir konkret *dafür tun können*. Dabei stütze ich mich auf die SAKE-Formel.

Mit Sake spiele ich nicht auf den japanischen Reiswein an. Schon eher käme die Bedeutung in englischen Wendungen wie *for your sake* – dir zuliebe – in Frage. Doch bei meinem SAKE handelt es sich schlicht um ein Akronym:

Selbstliebe   Authentizität   Kommunikation   Einheit

Leben und pflegen wir diese vier Eigenschaften und bringen wir sie in unsere Paarbeziehung ein, so steht sie auf einem soliden Fundament. Wobei die Selbstliebe für die anderen drei unerlässlich ist. Und damit will ich gleich beginnen. Vorher nur noch ein Gedanke, der auf meine Aussage zurückgreift, eine Liebesbeziehung sei kein Perpetuum mobile und wir müssten daran arbeiten. Das bedeutet nichts anderes als Arbeit *an uns selbst*, mit einem festen Willen und einem steten Bemühen, uns zu entwickeln und zu verbessern. Behalten Sie das bitte im Auge, wenn Sie die folgenden Kapitel lesen und vielleicht von Zeit zu Zeit das Gefühl bekommen, es gehe gar nicht mehr um die Beziehung, sondern nur noch um ihre eigene Selbstveränderung.

Pflegen der Liebesbeziehung

Wir können – und müssen – eine ganze Menge tun, um eine Paarbeziehung so zu erhalten, dass sie lebenswert und glücklich bleibt. Dazu gibt es eine Menge Bücher und Ratschläge von Psychologen. Ich gebe nachfolgend eine knappe Zusammenfassung daraus zu den unerlässlichen Grundlagen, die *direkt* die Beziehung betreffen. Wie ich auf der vorangehenden Seite deutlich gemacht habe, besteht jedoch der gewichtigere Teil unserer Bemühungen in der Arbeit an uns selbst, was dann der Partnerschaft automatisch zugutekommt.

Voraussetzungen für eine glückliche Beziehung:

• Die Erkenntnis, dass man sich für die Aufrechterhaltung der Beziehung engagieren muss, und die Bereitschaft dazu.

• Verstehen, dass der Partner nicht perfekt ist, wie man es selbst auch nicht ist – keine übertriebenen Erwartungen hegen und keine überzogenen Forderungen stellen, weder an den Partner noch an sich selbst.

• Respektvoller, achtsamer Umgang miteinander, Empathie zeigen, Gefühle für den Liebsten ausdrücken (verbal und mit Gesten, Blicken, Berührungen, …); nach der Verliebtheitsphase nicht damit aufhören, zwischendurch immer wieder einmal eine zärtliche SMS zu schreiben, den Abschiedskuss auf die Lippen nicht durch einen flüchtigen Kuss auf die Wange ersetzen, immer wieder einmal Händchenhalten, eine liebevolle Berührung, ein Lob oder Kompliment, …

• Akzeptieren, dass Schwierigkeiten und Krisen auftreten, und sie als normalen Bestandteil einer Beziehung betrachten – dann bemüht man sich auch darum, sie zu lösen, und zwar gemeinsam und konstruktiv, anstatt unendlich zu streiten oder aufzugeben. (Das gilt nicht für chronische Krisen.)

• Dem Partner den Raum und die Freiheit für seine Bedürfnisse und seine eigene Entwicklung lassen (Interessen, Hobbys, Freundschaftsbeziehungen, …) und diese unterstützen.

• Und last but not least eine für beide erfüllende Sexualität pflegen – zu diesem Thema gibt es dann speziell viele Bücher und Ratschläge.

XI. S wie Selbstliebe

Da ich bereits zwei →Bücher über die Selbstliebe geschrieben habe, worin ich ausführlich erläutere, warum es uns oft daran mangelt und wie wir sie erlangen und stärken können, beschränke ich mich nachfolgend auf eine Kurzfassung und gehe vorwiegend auf die Aspekte ein, die den Umgang mit dem Partner betreffen und sich somit direkt auf die Paarbeziehung auswirken.

→ «Ich liebe mich selbst und mache mich glücklich» und «Ich liebe mich selbst 2»; Infos Seite 178.

1. Prägungen, Bewertung und Selbstwertgefühl

Menschen und Dinge lieben wir dann, wenn wir sie, aus welchem Grund auch immer, im wahren Sinn des Wortes für *liebens-wert* halten. Es geht dabei immer um eine *subjektive Bewertung*: Jemanden oder etwas, den/das ich als wertvoll betrachte, kann ein anderer als wertlos empfinden. Analog wenden wir auf uns selbst bestimmte Kriterien an und bemessen damit unseren Eigenwert, woraus sich unser *Selbstwertgefühl* ergibt. Dieses hängt direkt mit unserer Selbstliebe zusammen, man kann die beiden gar als eine Einheit betrachten und die Begriffe praktisch synonym verwenden.

Wie ich in Kapitel III bereits kurz erläutert habe, wurde unser Wertesystem zu einem großen Teil in der ersten Lebensphase durch das Verhalten und die Belehrungen der Bezugspersonen geprägt. Seither tragen wir es bewusst und unbewusst in uns. Im Lauf der Kindheit und Jugend überhäufte man uns zudem mit einer Menge persönlicher Beurteilungen im Stil von: Die Mathematik liegt dir. Du bist schwer von Begriff. Du machst ständig die gleichen Fehler. Du bist ein Versager. Du hast schöne Augen. Du bist stark. Du bist tapfer. Du hast zwei linke Hände. Du bist musisch unbegabt. Deine Sommersprossen sind süß. Dein Wille ist zu schwach. Du bist zu dick. Du bist ein Spaßvogel. Du bist ein Angsthase. Dir fehlt die Logik. Du wirst es nie zu etwas bringen. Jede bewertende Aussage eines Menschen, dem wir vertrauten und glaubten, gravierte sich in uns ein, umso tiefer, je öfter wir sie zu hören bekamen, und trägt zur Art und Weise bei, wie wir selbst uns sehen.

Auf der Basis des allgemeinen Wertesystems, das unsere Bezugspersonen uns vermittelt haben, und ihrer individuellen Beurteilung entwickelten wir eine Vorstellung des *idealen Ich*. Auch als Erwachsene glauben wir unbewusst immer noch, ihm entsprechen zu müssen, damit man uns als wertvoll betrachtet und lieb haben kann. Wir nehmen es als Vorbild und eifern ihm nach. Unsere Eigenbewertung steigt und fällt jeweils, je nachdem, ob wir uns in höherem oder geringerem Ausmaß in Übereinstimmung mit dem Ideal-Ich empfinden, und das Selbstwertgefühl ist dementsprechend stärker oder schwächer. Dabei lassen wir außer Acht, dass wir normale Menschen mit normalen Unzulänglichkeiten sind und es uns unmöglich gelingen kann, diesem Vollkommenheitsideal jemals zu genügen, zumal es möglicherweise im Widerspruch zu unserer Wesensart steht.

Außer auf unsere Eigenbewertung stützen wir uns auf die Fremdbewertung des gegenwärtigen Umfelds. Dadurch schwankt unser Selbstwertgefühl zusätzlich, im Extremfall täglich oder stündlich. Wir halten uns jeweils für mehr oder weniger wertvoll in dem Maß, wie wir die Wertschätzung – im wahren Sinn des Wortes: *Wert-Schätzung* – der Mitmenschen erfahren. Ihre anerkennenden und lobenden Worte, ihre herabwürdigenden Aussagen und Kritiken wirken sich recht direkt auf unser Selbstwertgefühl aus. Selten machen wir uns bewusst, dass ihr Grad an Wertschätzung einzig und allein aus *ihrer individuellen*, nicht aus einer universell gültigen Werteskala stammt: Die Mitmenschen beurteilen – und verurteilen – uns nämlich aufgrund ihrer eigenen Programmierung, ihres eigenen Erlebten, ihrer eigenen Einsichten und nicht zuletzt ihres eigenen Selbstwertgefühls, die aber alle überhaupt nichts mit uns zu tun haben.

In jedem Fall handelt es sich bei den Bewertungskriterien, den eigenen und den fremden, um Parameter wie Tugenden, Fähigkeiten, Besitz, Leistung, Verhalten, Nützlichkeit und mehr, die wir samt und sonders verlieren oder dazu gewinnen können. Nicht einmal Charakterzüge wie Altruismus und Mut sind konstant, geschweige denn Eigenschaften wie Schönheit und Attraktivität. Stützen wir unser Selbstwertgefühl aber darauf, ist es nicht stabil: Da es auf Äußerem und Vergänglichem beruht, kann es auch von außen zerstört werden und vergehen. Soll es stark und konstant sein, muss es unabhängig davon von innen kommen: *Ich bin wertvoll, einfach weil ich bin, und immer gleich wertvoll, egal wie ich gerade bin.*

Neben dem Wertesystem haben wir aus der Kindheit einen weiteren Irrglauben übernommen, der für die mangelnde Selbstliebe mit verantwortlich ist und das Verhalten prägt: Liebe bekommen wir nicht «einfach so».
Grundsätzlich lieben Eltern ihr Kind, unabhängig davon wie es ist und was es tut. Dennoch äußern sie Wohlgefallen und Zuneigung, verhält es sich ihren Erwartungen und Forderungen entsprechend, oder Verärgerung und Ablehnung bei gegenteiligem Verhalten. Das Kind nimmt wahr, dass die Eltern manchmal lieb und manchmal böse mit ihm sind, und setzt diese Reaktionen mit Geliebtwerden und Nichtgeliebtwerden gleich. Viele von uns kennen auch Sprüche in der Art von: «Wenn du ungehorsam bist, hat die Mama dich nicht mehr lieb.» Außer durch verbale Missbilligung wird dem Kind auf vielfältige Weise vermittelt, es werde weniger geliebt, handelt es nicht wie gefordert, nämlich durch Ausschluss aus der Gemeinschaft, Nichtbeachtung bis hin zu physischer und psychischer Gewalt. Umgekehrt, wenn es brav und gehorsam ist, zeigt man ihm die Liebe, indem man es belohnt, mit Privilegien, Materiellem oder Zuwendung. In uns prägt sich der fatale Glaube ein, dass wir uns die Liebe der Mitmenschen *verdienen müssen* – und sie uns verdienen *können*. So ist es nur naheliegend, wenn wir meinen, auch unsere eigene Liebe verdienen zu müssen. Wie? Indem wir die Erwartungen, die wir an uns stellen, erfüllen. Diese – also dem Ideal-Ich zu entsprechen – sind jedoch so hoch gesteckt, dass wir unweigerlich daran scheitern. Deshalb fühlen wir uns wertlos und schlecht und meinen, unsere eigene Liebe stehe uns nicht zu. Quintessenz: Nur wer sich selbst für wertvoll hält und dadurch ein starkes Selbstwertgefühl besitzt, liebt sich selbst. Wer sich gering schätzt, kann sich nicht lieben.
In diesem Buch haben Sie schon so viel über bedingungslose Liebe gelesen, dass Sie inzwischen wissen, worum es geht. Lieben Sie auch Ihren Partner noch nicht in dieser

Weise, dann tun Sie es jetzt wenigstens für sich selbst. Lieben Sie sich ohne Bedingungen, Vorbehalte oder Einschränkungen! Ob Sie ein sogenannt guter oder ein sogenannt schlechter Mensch sind, ob Sie fähig, unfähig, schön, hässlich, dünn, dick, groß, klein, reich, arm sind, ob Sie etwas leisten oder nicht: Lieben Sie sich! Und zwar aus ganzem Herzen, heute und für immer. Für diese Liebe müssen Sie nichts tun, sie hat keinen Preis, Sie brauchen nicht dafür zu bezahlen. Selbstliebe ist gratis.

2. Selbstliebe aufbauen und stärken

Sich selbst lieben – einfacher gesagt als getan, ich weiß. «Du hast gut reden!», denken Sie jetzt vielleicht. «Aber was, wenn ich schon mein ganzes Leben lang davon überzeugt bin, →wertlos zu sein? Weil man es mir ständig zu verstehen gegeben hat... weil ich immer wieder Misserfolge erlitten habe... den Job verloren... vom Partner verlassen... weil ich bei anderen Menschen nicht gut ankomme... mich ungeliebt fühle... mich nicht wehren kann, wenn andere mich ausnutzen... mich hässlich und dumm finde... ängstlich, introvertiert, gehemmt bin... mich nicht traue, zu mir zu stehen... Soll ich mir jetzt einfach einreden, ich sei wertvoll, und mich deshalb lieben können?»

→ Siehe «Fehler und Selbstverurteilung», Seite 143.

Genau! Genau das sollen Sie sich einreden. Ich habe vorher erläutert, wie wir als Kinder unfreiwillig geprägt wurden durch Aussagen, die man uns immer wieder an den Kopf warf und die wir verinnerlicht haben. Das Gleiche können wir mit uns selbst tun. Man nennt es Autosuggestion. Indem wir uns bestimmte Glaubenssätze immer wieder vorsagen, gravieren wir sie in uns ein. Jede bestehende Prägung kann durch eine korrigierende, ergänzende oder widersprechende überlagert und gelöscht werden. Es funktioniert wie bei einem Textdokument im Computer: Man schreibt über eine falsche Passage, wodurch das Vorherige verschwindet und das Neue stehen bleibt.

Warfen die Eltern oder Lehrer uns beispielsweise ständig vor, ein Versager oder ein Angsthase zu sein, so können wir uns umprogrammieren, indem wir uns immer wieder versichern: «Ich bewältige meine Aufgaben und mache es gut» oder «Ich bin mutig.»

Autosuggestion ist eine meiner beiden empfohlenen Maßnahmen, um Selbstwertgefühl und Selbstliebe aufzubauen
und zu stärken. Wäre sie für sich allein ebenso wirksam
wie einfach, würde das Selbstwertgefühl niemandem fehlen. Doch ganz so simpel ist die menschliche Psyche nicht,
es braucht mehr. Eingespielte Muster müssen wir in der
Praxis bewusst loslassen, indem wir neue einüben, die sie
ersetzen. Deshalb besteht meine zweite Maßnahme in der
Verhaltensänderung in Alltagssituationen; darauf komme
ich später zurück.

Diese beiden Methoden wirken am besten in ihrer Kombination, also indem Sie beide gleichzeitig praktizieren, denn
sie ergänzen und unterstützen einander gegenseitig. Dabei
spielt nämlich das Prinzip der Wechselwirkung: Je stärker
Sie an Ihren Wert glauben und sich selbst lieben, desto häufiger trauen Sie sich, im Alltag selbstbewusst und selbst-
sicher aufzutreten, und je selbstbewusster und selbstsiche-
rer Sie sich fühlen und wirken, desto leichter fällt es Ihnen,
sich davon zu überzeugen, dass Sie wertvoll sind, und sich
selbst lieb zu haben.

2.1 Autosuggestion
Als Begründer der modernen Autosuggestion gilt der fran-
zösische Apotheker Emile Coué (1857-1926). Er stellte fest,
dass die von ihm verkauften Medikamente bei seinen Kunden besser wirkten, wenn er ihnen versicherte: «Mit dieser
Arznei werden sie schnell gesund», als wenn er nichts dazu
sagte. Nach dieser Einsicht entwickelte er eine Methode der
Autosuggestion, die er bei Vorträgen in Europa und den
USA lehrte und in einem →Buch veröffentlichte. Sie beruht
auf folgenden Erkenntnissen:
• Jeder Gedanke unseres Geistes versucht, sich zu verwirklichen, sofern ihm keine Naturgesetze entgegenstehen.
Somit kann der Gedanke an Heilung die Heilung hervor-
rufen. Oder wir erreichen ein gestecktes Ziel leichter, wenn
wir uns sagen, dass wir es schaffen.
• Unser Unbewusstes bestimmt unseren körperlichen und
mentalen Zustand; es ist stärker als unser bewusster Wille
und es steuert alle Funktionen des Organismus und des
Verstands. Besteht ein Konflikt zwischen dem Unbewussten

→ Emile Coué:
La Maîtrise de
soi-même par
l'autosuggestion
consciente.

und dem Willen, so siegt immer das Unbewusste. Deshalb müssen Unbewusstes und Wille zusammenarbeiten: Stimmen sie überein, summieren sich ihre Kräfte nicht nur, vielmehr potenzieren sie sich.

• Das Unbewusste können wir durch gezielte Autosuggestion beeinflussen.

Nachfolgend finden Sie eine Liste von «Glaubenssätzen», die Ihnen helfen können, Ihre negativen Prägungen zu überwinden. Lesen Sie sie und kreuzen Sie zwei oder drei an, die Sie als besonders treffend und nützlich für Ihren wichtigsten Problembereich halten.

• Ich bin wertvoll, egal was ich tue, egal wie ich bin.
• Ich darf mich uneingeschränkt selbst lieben, bedingungslos und vorbehaltlos, und in jedem Augenblick, immer. Ich liebe mich!
• Ich bin nicht von der Liebe anderer abhängig – ich bin in mir selbst geborgen, ich liebe mich selbst.
• Ich bin verständnisvoll und versöhnlich mit mir selbst, ich stelle keine zu hohen Erwartungen an mich und verurteile mich nicht, wenn ich Fehler mache.
• Ich erniedrige mich nicht selbst in Gedanken und Worten.
• Ich bin es wert, mir alles zu gönnen.

→ Die Authentizität behandle ich in Kapitel XII, Seite 145 ff.

• Ich darf →mich zeigen, wie ich bin; ich muss nicht perfekt sein. Das Urteil anderer berührt mich nicht.
• Ich habe das Recht, in jeder Situation selbst über mein Leben zu entscheiden. Ich lasse nicht zu, dass jemand sich einmischt, und ich lasse mich nicht emotional erpressen.

Selbstverständlich dürfen Sie eigene Aussagen formulieren, die für Ihre persönliche Situation noch passender sind. Ihre ausgewählten Glaubenssätze schreiben Sie jetzt auf ein großes Blatt Papier und bringen es irgendwo an, wo Sie es immer wieder einmal vor Augen haben. Ich selbst hatte meine Glaubenssätze seinerzeit auf einem A3-Blatt innen an der Toilettentür aufgehängt; so sah ich sie unweigerlich viele Male am Tag, und zwar in einem Moment, in welchem ich die Muße hatte, sie zu lesen.

Sie können sie auch an einem Küchenschrank aufhängen, an der Wand gegenüber dem Bürotisch, in der Werkstatt oder über dem Fernseher – an jedem Ort, wo Sie sie täglich mehrmals oder über längere Zeit zu sehen bekommen. Sie Lesen sie, so oft Sie Gelegenheit dazu haben, und prägen sie sich ein.

Zusätzlich sollten Sie sie auf einen kleinen Zettel schreiben und diesen in der Brieftasche/Handtasche mit sich führen. Dann holen Sie ihn hervor und lesen ihn, wenn Sie auf den Bus warten, während einer kurzen Zugfahrt, falls Sie zu früh zu einer Verabredung eintreffen, bei jeder sich Ihnen bietenden Gelegenheit.

Eine andere Form von Autosuggestion kennen Sie bereits aus Kapitel V im Zusammenhang mit dem Gleichmut, nämlich die Affirmationen. Nachfolgend schlage ich Ihnen einige für die Selbstliebe vor, die Sie nach der Anleitung auf Seite 82 praktizieren können:

• Ich bin wertvoll und ich liebe mich selbst.
• Ich bin es wert, geliebt zu werden.
• Ich nehme mich an und liebe mich, wie ich bin.
• Ich wage jetzt, ich selbst zu sein.
• Ich fühle mich in mir selbst wohl und geborgen.
• Mein Selbstwertgefühl ist stark und unerschütterlich.

Sie werden sich nicht von heute auf morgen einreden können, dass Sie wertvoll sind und sich lieben. Doch mit der Zeit – es mögen Wochen oder Monate vergehen – wird Ihr Unbewusstes den neuen «Glauben» speichern und Sie mehr und mehr dabei unterstützen, Ihr Verhalten zu ändern.

2.2 Erkennen von Verhaltensmustern
Was bedeutet es denn konkret, uns selbst zu lieben? Wie fühlt sich bedingungslose, vorbehaltlose, uneingeschränkte Selbstliebe an? Wie können wir sie aufbauen, stärken oder überhaupt erlernen?

Lieben wir einen anderen Menschen, so spüren wir es. Unsere Selbstliebe fühlen wir hingegen in der Regel nicht; wir erahnen sie vielleicht anhand einer tiefen Zufriedenheit ohne äußeren Anlass, wenn die Welt für uns in Ordnung ist, wir eins mit uns selbst sind, beim Fehlen von inneren Konflikten und Zerrissenheit, wenn Frieden, Wohlbefinden,

Zuversicht uns durchströmen. Es gibt also Anzeichen dafür, doch sie sind vage, weshalb wir sie nicht ohne Weiteres mit Selbstliebe in Verbindung bringen. Und selbst wenn, sind sie zu unspezifisch, als dass wir anhand solcher Merkmale eine feste, konstante Selbstliebe aufbauen und/oder stärken könnten. Um das Ausmaß unserer Selbstliebe oder, umgekehrt, den Mangel an Selbstliebe festzustellen, brauchen wir konkretere Symptome, und zwar solche, die wir, nachdem wir sie erkannt haben, auch «behandeln» können. Sie beruhen im Wesentlichen auf den folgenden beiden Erkenntnissen zum urmenschlichen Bedürfnis nach Liebe:

• Je weniger wir uns die ersehnte Liebe und Wertschätzung selbst schenken, desto mehr sind wir darauf angewiesen, ja davon abhängig, sie von anderen zu bekommen.

• Die Angst, nicht geliebt oder abgelehnt, zurückgewiesen, ausgegrenzt zu werden, ist eine unserer größten Ängste.

Manche unserer Verhaltensweisen hängen mittelbar oder unmittelbar mit der Sehnsucht nach Zuwendung, Liebe und Anerkennung beziehungsweise mit der Angst, diese nicht zu bekommen oder wieder zu verlieren, zusammen. Analysieren wir unser Verhalten im zwischenmenschlichen Bereich, so verrät es uns recht anschaulich, wie es um unser Selbstwertgefühl und unsere Selbstliebe steht. Und dieses Verhalten können wir anschließend ändern: Wir heilen alle Symptome und besiegen dadurch die Krankheit «Mangel an Selbstliebe».

In meinem Buch «Ich liebe mich selbst und mache mich glücklich» habe ich einen langen Katalog solcher typischer Verhaltensweisen zusammengestellt und in Kategorien eingeteilt. Da es jetzt hier um die Paarbeziehung geht, reduziere ich die Liste auf diejenigen, die unmittelbar damit zu tun haben, obwohl natürlich viele andere, die allgemein bei zwischenmenschlichen Beziehungen spielen, auf den Partner ebenfalls zutreffen. Anschließend erläutere ich sie detaillierter. Bevor Sie die Kommentare lesen, solange Sie also noch davon unbeeinflusst sind, bitte ich Sie, den Fragenkatalog auf Seite 128 auszufüllen – mit Bleistift, damit Sie später eventuell noch Änderungen anbringen können.

Seien Sie ehrlich mit sich selbst – aber ohne zu werten oder sich zu verurteilen! – und setzen Sie Ihr Kreuz jeweils an einer beliebigen Position zwischen *nie* und *oft*.

Es versteht sich, dass die Liste nicht abschließend ist und dass es für Ihre Antworten keine Noten oder Punkte gibt. Die erste Voraussetzung für die Selbstliebe ist ja, uns selbst so anzunehmen und zu lieben, wie wir sind. Egal wie wir sind, egal wie viele sogenannte «Fehler» wir haben.

Für den Fall, dass Ihr Partner seine Selbstliebe ebenfalls testen möchte, folgt auf Seite 129 ein zweiter identischer Fragebogen für ihn. Bestimmt ist es für Sie beide dann auch interessant und hilfreich zu erkennen:

• ob Sie beide jeweils die Selbsteinschätzung des anderen teilen oder ob Ihre Wahrnehmung unterschiedlich ist;

• in welchen Bereichen nur der eine von Ihnen einen Mangel aufweist, sodass der andere ihn bei dessen Überwindung gezielt fördern und unterstützen kann.

Wollen Sie den zweiten Fragebogen nicht für den Partner nutzen, so können Sie selbst ihn nach einigen Monaten oder einem Jahr nochmals ausfüllen und mit dem ersten vergleichen, um festzustellen, was Sie bereits geändert haben. Unabhängig davon, wie viel oder wie wenig Fortschritte Sie Ihrer Einschätzung nach gemacht haben: Sie sind ein wertvoller Mensch und haben das Recht, sich zu lieben! Bedenken Sie, dass diese Verhaltensmuster, die auf mangelnde Selbstliebe zurückgehen, nicht leicht zu überwinden sind. Es braucht viel Zeit und Geduld.

Meine Verhaltensweisen	nie							oft

Gruppe 1

Zweifle ich an der Liebe des Partners?

Lebe ich in Angst, den Partner zu verlieren?

Bin ich eifersüchtig?

Gehe ich Konflikten aus dem Weg?

Lüge ich aus Angst?

Fühle ich mich minderwertig oder nutzlos, wenn der Partner mich gerade nicht braucht?

Fühle ich mich schlecht oder schuldig, wenn der Partner mich tadelt, verurteilt, angreift?

Traue ich mich nicht, Nein zu sagen, und/oder tue ich Dinge, die ich nicht tun möchte/sollte, aus Angst, die Liebe des Partners zu verlieren?

Schweige ich wegen meiner Verlustangst bei Ungerechtigkeit, Tyrannei, Machtmissbrauch, …?

Wehre ich mich nicht gegen physische und/oder psychische Übergriffe aus Angst vor Liebesentzug?

Gruppe 2

Versuche ich, mir die Liebe des Partners zu erkaufen, indem ich seine Bedürfnisse befriedige (sexuelle Bedürfnisse, Anerkennung, materielle Unterstützung, Geschenke, …)?

Lasse ich mich emotional erpressen («Wenn du mich liebst, dann tust du…»/ «Du liebst mich nicht, wenn du …»)?

Missachte ich meine eigenen Bedürfnisse zugunsten des Partners?

Gruppe 3

Schmolle oder trotze ich, wenn der Partner mich zu wenig beachtet?

Gebe ich dem Partner zu verstehen, dass ich mich seinetwegen schlecht fühle?

Spiele ich gern das Opfer (Krankheit, aufgesetzte Leidensmiene, Seufzen, offenkundig «verheimlichtes» Weinen, …), um Zuwendung zu bekommen?

Spiele ich gern den Märtyrer («Wegen dir habe ich darauf verzichtet», …)?

Sage ich dem Partner, dass ich ihn brauche und/oder dass ich ohne ihn nicht leben kann?

Versuche ich, dem Partner Schuldgefühle aufzuladen, u.a. indem ich auch alte «Sünden» anspreche?

Drohe ich dem Partner an, mir etwas anzutun, oder mit anderen Konsequenzen, wenn er mich verlässt?

Verhaltensweisen des Partners	nie	oft
Zweifle ich an der Liebe des Partners?	x x x x x x x	
Lebe ich in Angst, den Partner zu verlieren?	x x x x x x x	
Bin ich eifersüchtig?	x x x x x x x	
Gehe ich Konflikten aus dem Weg?	x x x x x x x	
Lüge ich aus Angst?	x x x x x x x	
Fühle ich mich minderwertig oder nutzlos, wenn der Partner mich gerade nicht braucht?	x x x x x x x	
Fühle ich mich schlecht oder schuldig, wenn der Partner mich tadelt, verurteilt, angreift?	x x x x x x x	
Traue ich mich nicht, Nein zu sagen, und/oder tue ich Dinge, die ich nicht tun möchte/sollte, aus Angst, die Liebe des Partners zu verlieren?	x x x x x x x	
Schweige ich wegen meiner Verlustarngst bei Ungerechtigkeit, Tyrannei, Machtmissbrauch, …?	x x x x x x x	
Wehre ich mich nicht gegen physische und/oder psychische Übergriffe aus Angst vor Liebesentzug?	x x x x x x x	
Versuche ich, mir die Liebe des Partners zu erkaufen, indem ich seine Bedürfnisse befriedige (sexuelle Bedürfnisse, Anerkennung, materielle Unterstützung, Geschenke, …)?	x x x x x x x	
Lasse ich mich emotional erpressen («Wenn du mich liebst, dann tust du…»/ «Du liebst mich nicht, wenn du …»)?	x x x x x x x	
Missachte ich meine eigenen Bedürfnisse zugunsten des Partners?	x x x x x x x	
Schmolle oder trotze ich, wenn der Partner mich zu wenig beachtet?	x x x x x x x	
Gebe ich dem Partner zu verstehen, dass ich mich seinetwegen schlecht fühle?	x x x x x x x	
Spiele ich gern das Opfer (Krankheit, aufgesetzte Leidensmiene, Seufzen, offenkundig «verheimlichtes» Weinen, …), um Zuwendung zu bekommen?	x x x x x x x	
Spiele ich gern den Märtyrer («Wegen dir habe ich darauf verzichtet», …)?	x x x x x x x	
Sage ich dem Partner, dass ich ihn brauche und/oder dass ich ohne ihn nicht leben kann?	x x x x x x x	
Versuche ich, dem Partner Schuldgefühle aufzuladen, u.a. indem ich auch alte «Sünden» anspreche?	x x x x x x x	
Drohe ich dem Partner an, mir etwas anzutun, oder mit anderen Konsequenzen, wenn er mich verlässt?	x x x x x x x	

Gruppe 1 *Gruppe 2* *Gruppe 3*

Nach dem Ausfüllen des Fragebogens waren die Teilnehmer meiner Selbstliebe-Kurse meistens ein bisschen deprimiert (sie hatten rund dreimal so viele Verhaltensweisen zu prüfen und bewerten). Sie starrten jeweils auf ihr Blatt und sahen, wie viele Kreuze näher bei *oft* standen als auf der anderen Seite.

Kein Grund zur Entmutigung! Bis zu meinem vierzigsten Lebensjahr hätte ich selbst die allermeisten Kreuze ganz weit rechts bei *oft* gemacht. Und nein, es hat nicht Jahrzehnte gedauert, bis ich meine Selbstliebe gefunden habe. Es ist ein längerer Prozess, das will ich nicht leugnen, aber: Schon nach den ersten Schritten nehmen wir eine positive Veränderung wahr, was uns darin bestärkt weiterzufahren. Einen Weg, wie Sie konkret vorgehen können, zeige ich Ihnen dann im Abschnitt 2.3 dieses Kapitels. Davor gehe ich jetzt auf die Verhaltensweisen der Liste ein und kommentiere sie kurz.

Gruppe 1: Selbstzweifel, Abhängigkeit und Verlustangst
Ich zweifle an der Liebe des Partners. • Ich lebe in Angst, den Partner zu verlieren. • Ich bin eifersüchtig. • Ich gehe Konflikten aus dem Weg. • Ich lüge aus Angst. • Ich fühle mich minderwertig oder nutzlos, wenn der Partner mich gerade nicht braucht. • Ich fühle mich schlecht oder schuldig, wenn der Partner mich tadelt, verurteilt, angreift. • Ich traue mich nicht, Nein zu sagen und/oder ich tue Dinge, die ich nicht tun möchte/sollte, aus Angst, die Liebe des Partners zu verlieren. • Ich schweige wegen meiner Verlustangst bei Ungerechtigkeit, Tyrannei, Machtmissbrauch, … • Ich wehre mich nicht gegen physische und/oder psychische Übergriffe aus Angst vor Liebesentzug.
Diese Verhaltensweisen verraten deutlich, wie sehr ich von der Liebe des Partners, folglich von ihm, abhängig bin. Sie weisen eine gemeinsame Charakteristik auf: Ich definiere meinen eigenen Wert darüber, wie wertvoll und nützlich ich für den Partner bin, da ich selbst mich für wenig wertvoll halte und nicht glaube, jemand liebe mich «einfach so».

Daher giere ich einerseits nach häufiger Bestätigung und fühle mich unsicher oder deprimiert, bekomme ich sie gerade nicht; andererseits lebe ich natürlich in der ständigen Angst, der Partner könnte mich wegen eines «wertvolleren», «liebenswerteren» Menschen verlassen, was zu (starker bis extremer) Eifersucht führen kann. Auch gehe ich Konflikten aus dem Weg, um ja nicht den Unwillen des Partners zu provozieren, und schrecke nicht vor Lügen zurück, um eine vermeintlich kritische Situation zu retten.

Paradoxerweise streite ich dennoch recht oft mit dem Partner, etwa wenn ich eifersüchtig bin oder mich zu wenig wertgeschätzt fühle. Dies ist auch eine Art, um seine Liebe zu kämpfen; sie beruht auf meiner Ohnmacht und Hilflosigkeit, die keine anderen Mittel kennen. Zudem komme ich natürlich trotz Abhängigkeit und Verlustangst nicht darum herum, bestimmte Werte und Grenzen zu klären, und muss mich deshalb wohl oder übel zuweilen auf Auseinandersetzungen einlassen. Diese trage ich dann jedoch nicht sachlich, sondern als Machtkampf aus, nicht selten kindisch – oder vielmehr: kindlich – und geprägt von meinen unbewussten Mustern.

Um meine Nützlichkeit, ja Unentbehrlichkeit zu bekräftigen, bemühe ich mich stets, dem Partner Dienste zu erweisen. Nicht nur biete ich diese an, ich dränge sie manchmal regelrecht auf. Dabei erdrücke ich ihn mitunter mit einer erstickenden Zuneigung und Fürsorge, und reagiere tief verletzt, falls er diese nicht gebührend würdigt oder gar verschmäht. Die geringste Absage an das Gute, das ich ihm tun will, fasse ich als Ablehnung und Zurückweisung auf; die damit verbundene Schwächung des Selbstwertgefühls äußert sich in quälenden Gedanken, was ich wohl falsch gemacht habe, gefolgt von Selbstvorwürfen, Schuldgefühlen und noch stärkerer Verlustangst.

Ferner versuche ich, alles für ihn zu tun, erfülle ihm fast jeden Wunsch, lasse keine Gelegenheit aus, ihm meine Liebe zu beweisen, verhalte mich stets so, wie ich meine, es gefalle ihm. Oft traue ich mich nicht, ihm eine Bitte abzuschlagen, obwohl ich keine Zeit habe, keine Lust, es mich überfordert oder es mir sogar widerstrebt. Und zuweilen lasse ich auch zu, dass der Partner mich tyrannisiert bis hin zu körperlichen oder psychischen Übergriffen. Natürlich ist das alles keine wahre Liebe, es ist ein Deal: Ich gebe, um zu bekommen.

Sie haben es nicht nötig, Ihr Selbstwertgefühl aus Ihrer Nützlichkeit und Ihrem Wert für andere zu beziehen! Und Sie wissen doch, dass jemand, der nur deshalb mit Ihnen zusammen ist oder bleibt, Sie nicht richtig liebt. Dadurch wird Ihre Verlustangst nicht verschwinden. Bringen Sie also den Mut auf, Sie selbst zu sein, Nein zu sagen, das zu tun, was *Sie* für sich als richtig spüren, und lassen Sie sich nicht zu etwas hinreißen, was Sie nicht wollen, scheuen Sie sich nicht, auch einmal unbequem zu sein. Sagen Sie sich stets: «Wenn mein Partner mich nicht so liebt, wie ich bin, liebt er mich nicht wirklich. Eine solche Beziehung will ich nicht.» Sie werden dann vielleicht sogar erstaunt feststellen, dass Sie ihn nicht verlieren und er im Gegenteil beginnt, Sie mit mehr Respekt zu behandeln und an Ihnen zu hängen.

Gruppe 2: Sich Liebe verdienen und erkaufen

Ich versuche, mir die Liebe des Partners zu erkaufen, indem ich seine Bedürfnisse befriedige (sexuelle Bedürfnisse, Anerkennung, materielle Unterstützung, Geschenke, ...). • *Ich lasse mich emotional erpressen («Wenn du mich liebst, dann tust du...» – «Du liebst mich nicht, wenn du...»).* • *Ich missachte meine Bedürfnisse zugunsten des Partners.*

Die in der Gruppe 1 aufgeführten Verhaltensweisen dienen wie gesagt dem Deal «geben, um zu bekommen». Sie stammen, vorwiegend und eher unbewusst, aus meiner Unsicherheit und Verlustangst. Die Verhaltensweisen der Gruppe 2 praktiziere ich hingegen bewusst, mit einer gewissen Berechnung, die bis ins Manipulative reichen kann.

Habe ich nämlich die intimsten Bedürfnisse des Partners erkannt (sexuelle, materielle, emotionale wie beispielsweise nach Anerkennung, Lob oder Bewunderung, ...), so setze ich alles daran, sie zu stillen. Ich ziele damit nicht nur darauf ab, von ihm dafür geliebt zu werden; vielmehr versuche ich sogar, je nach dem Ausmaß seiner Bedürftigkeit, ein Abhängigkeitsverhältnis zu schaffen, sodass er mich nicht leichtfertig verlässt.

Zudem kann ich ihm meine Missbilligung und Verurteilung irgendwelcher Fehlverhalten seinerseits jeweils zeigen, indem ich seine Bedürfnisse vorsätzlich und demonstrativ nicht mehr befriedige – und zwar so lange, bis er sich entschuldigt und sich wieder in einer mir genehmen Weise verhält. Auf der anderen Seite bin ich dadurch leicht erpressbar. Er kann den Spieß umdrehen und mich unter Druck setzen durch Aussagen mit dem Tenor «Wenn du das nicht für mich tust, liebe ich dich nicht mehr» – natürlich subtiler, ja mitunter perfider formuliert. Dies führt dann möglicherweise dazu, dass ich eigene Bedürfnisse und/oder (berechtigte) Bedenken übergehe, um ihm gefällig zu sein und mir wieder ein Quäntchen seiner Liebe zu erwerben.

Benutzen beide Partner solche manipulativen Mittel, so artet es oft in einem Teufelskreis aus. Es sind dann beide zugleich Täter und Opfer und die emotionale Erpressung schaukelt sich hoch zu Machtspielen und Verletzungen. Unnötig zu sagen, dass keine Beziehung dies auf die Dauer aushält. Geschweige denn glücklich ist.

Gruppe 3: Liebe erzwingen und erpressen
Ich schmolle oder trotze, wenn der Partner mich zu wenig beachtet. • Ich gebe dem Partner zu verstehen, dass ich mich seinetwegen schlecht fühle. • Ich spiele gern das Opfer (Krankheit, aufgesetzte Leidensmiene, Seufzen, offenkundig «verheimlichtes» Weinen, …), um Zuwendung zu bekommen. • Ich spiele gern den Märtyrer («Wegen dir habe ich darauf verzichtet», …). • Ich sage dem Partner, dass ich ihn brauche und/oder dass ich ohne ihn nicht leben kann. • Ich versuche, dem Partner Schuldgefühle aufzuladen, u.a. indem ich auch alte «Sünden» anspreche. • Ich drohe dem Partner an, mir etwas anzutun, oder mit anderen Konsequenzen, wenn er mich verlässt.

Emotionale Erpressung ist in Paarbeziehungen leider keine Seltenheit. Während die Verhaltensweisen aus der vorangehenden Kategorie diesbezüglich eher offensichtlich und teilweise gegenseitig sind, so bestehen diejenigen der Gruppe 3 in einer (verschleierten) nonverbalen und/oder verbalen Taktik. Einiger davon bedienen sich bevorzugt Frauen.

Zu den nonverbalen Methoden zählen: Ich gebe mich betont schweigsam, setze eine leidende Miene auf, weine (zuweilen) scheinbar heimlich, aber offenkundig genug, dass der Liebste es bemerken muss, seufze oder stöhne verstohlen. Ich verhalte mich so, damit er merkt, dass mit mir etwas nicht stimmt, es mir nicht gut geht – im Idealfall soll er selbst darauf kommen, dass *er* Schuld an meiner Misere trägt. Zudem will ich erreichen, gefragt zu werden, was mit mir los sei oder, noch besser, was er falsch gemacht habe.

Indem ich mich lange und wiederholt bitten lasse, bis ich damit herausrücke, will ich suggerieren: «Schau, ich leide im Stillen, ich will dir ja nichts vorwerfen, aaaber...» – was schlussendlich aus mir herausbricht, hört sich dann alles andere als nicht vorwurfsvoll an.

Die verbalen Methoden bestehen aus Aussagen wie: «Ich tue so viel für dich und du...; «Du hattest mir versprochen... und hast es nicht getan»; «Offenbar liebst du mich nicht genug...»; «Wegen dir habe ich das doch getan, aber du...»; «Nie machst du, was ich mir wünsche...»; «Merkst du denn nicht, wie weh du mir tust?»; und viele mehr. Die emotionale Erpressung gipfelt in Drohungen wie «Wenn du das machst/nicht machst, trenne ich mich von dir» oder «Wenn du mich verlässt, siehst du die Kinder nie mehr».

Alle Äußerungen, die nonverbalen und die verbalen, bezwecken, den Partner unter Druck zu setzen oder ihm ein schlechtes Gewissen zu verursachen. Ich meine, dass wenn er Verlustangst oder Schuldgefühle empfindet, er sich liebevoller verhält und sich nicht traut, in einer Weise zu handeln, die mir missfällt.

Aber selbst scheinbar positive Aussagen wirken als subtiles Druckmittel, etwa wenn ich dem Partner wiederholt versichere, wie sehr ich ihn brauche, dass ich nicht ohne ihn leben kann, nicht wüsste, was ich ohne ihn täte, er der Sinn meines Daseins ist. Damit bedränge ich ihn emotional, bei mir bleiben zu müssen – für immer, aber auch bei einer bestimmten Gelegenheit, sodass er beispielsweise abends nicht ohne mich ausgeht oder generell auf eigene Aktivitäten verzichtet.

* * *

Ich habe die Verhaltensweisen in scheinbar getrennten, unabhängigen Gruppen erläutert. Die Grenzen zwischen diesen Kategorien sind indes teilweise fließend und manche Verhaltensweise lässt sich auf mehrere Ursachen zurückführen. So können einige Verhaltensweisen, die ich unter der Abhängigkeit und Verlustangst aufführe (Gruppe 1) und die aus unserem Bedürfnis stammen, dem Partner nützlich zu sein, auch mit einer bewussteren Absicht, uns die Liebe zu kaufen, erfolgen, wie in Gruppe 2 beschrieben.

Deutlich wird diese unscharfe Trennung ebenfalls bei der Gruppe 2: Hier geht es zwar primär um das Erwerben von Liebe, doch die emotionale Erpressung, die eigentlich zu Gruppe 3 gehört, spielt mit eine Rolle.

Bei der Erörterung der Verhaltensweisen habe ich in der Regel bewusst deren extremere Form beschrieben; selbstverständlich können bereits mildere Ausprägungen auf ein schwaches Selbstwertgefühl hinweisen, ebenso wie verwandte Verhalten, die ich nicht explizit nenne.

Nachdem Sie nun meine Erläuterungen gelesen haben, bitte ich Sie, den Fragebogen auf der Seite 128 beziehungsweise 129 nochmals durchzugehen und aus Ihrem differenzierteren Verständnis der Zusammenhänge allenfalls erforderliche Berichtigungen vorzunehmen.

2.3 Verändern von Verhaltensmustern

Über Ihre hinderlichen →Verhaltensweisen sind Sie sich nun im Klaren und Sie können sofort mit der Selbstveränderung im Alltag beginnen. Wie gesagt, die eine Aufgabe besteht darin, sich durch Autosuggestion selbst davon zu überzeugen, dass Sie wertvoll sind und sich lieben dürfen und sollen. Noch wichtiger ist es jedoch, *in der Praxis* etwas zu tun. Es geht darum, in den konkreten Alltagssituationen, in denen sich die schwache Selbstliebe äußert, eine Verhaltensänderung einzuüben. Gehen Sie wie folgt vor:

• Suchen Sie sich aus den Verhaltensweisen, bei denen Sie Ihr Kreuz näher bei *oft* gesetzt haben, eine aus, an der Sie in nächster Zeit arbeiten wollen. *Eine einzige.* Und es soll nicht die schwierigste sein. Wählen Sie eine, von der Sie denken: «Das würde ich wirklich gern an mir ändern, es bereitet mir so viele Probleme in meiner Beziehung.» Oder eine, bei der Sie glauben, dass Sie relativ schnell und ohne

→ In meinem Buch «Ich liebe mich selbst 2» schlage ich zu fast allen Verhaltensweisen der Liste konkrete Übungen für den Alltag vor, um diese Verhaltensweisen abzulegen und neue einzuüben; Info siehe Seite 178.

großen inneren Kampf zum Ziel kommen. Denn auch bei guten Vorsätzen und uns selbst gestellten Aufgaben sollen wir lieb zu uns sein, uns nicht überfordern und es uns nicht schwerer als unbedingt nötig machen. Schreiben Sie die gewählte Verhaltensweise hier detailliert auf:

_____

_____

_____

_____

_____

_____

_____

• Rufen Sie sich eine reale Begebenheit in Erinnerung, in der Sie sich so verhalten haben. Spielen Sie in Gedanken durch, wie Sie sich anders hätten verhalten wollen/sollen. Versuchen Sie dabei, emotionslos zu bleiben, als würden Sie es in einem Theaterstück oder in einem Film spielen. Machen Sie es auf jeden Fall *nur ein einziges Mal*. Es gilt nämlich, das bekannte Phänomen der kreisenden Gedanken zu vermeiden, das uns nicht selten heimsucht, wenn wir meinen, etwas falsch gemacht zu haben: Wir gehen das Ereignis unzählige Male im Kopf durch, immer wieder identisch oder mit Variationen. Oft können wir diese Automatik kaum mehr stoppen. Es ist richtig und wichtig, dass Sie solche Situationen *ein Mal* analysieren, *ein Mal* überlegen, wie Sie sich anders hätten verhalten können, und dann den Vorsatz fassen: «Beim nächsten Mal mache ich es besser». Aber damit ist genug. Verstricken Sie sich nicht in selbstverurteilenden, selbstzerstörerischen Gedanken.

Halten Sie schriftlich fest, wie Sie sich das nächste Mal in einer analogen Situation verhalten wollen. Schreiben Sie also gleich nachfolgend auf, was Sie zuvor in Gedanken durchgespielt haben:

• Sagen Sie laut, deutlich, kraftvoll und mit Überzeugung: «Ich will mich ändern und ich schaffe es!». Diesen Satz wiederholen Sie jedes Mal, wenn Sie meinen, versagt zu haben, falls Sie entmutigt oder verzweifelt denken: «Ich schaffe es nie». Erinnern Sie sich jeweils auch daran, dass die Veränderung nicht über Nacht geschieht, sondern langsam durch kontinuierliche Praxis. Und ganz wichtig: Es gibt kein Versagen, sondern nur mehr oder weniger gelungenes Üben.

• Von nun an sind Sie in Ihrem Alltag achtsam für Ereignisse, in denen sich dieses bestimmte Muster manifestieren kann, und versuchen dann in der aktuellen Situation, sich willentlich anders zu verhalten als bisher.

• Wie vorhin erwähnt, sollen Sie nur an einer einzigen Verhaltensweise arbeiten.

Erst wenn Sie bei dieser ersten eine deutliche Änderung feststellen – Sie sich also *automatisch*, ohne besondere Achtsamkeit und Willensanstrengung wie gewünscht verhalten –, beginnen Sie mit der nächsten.

Sie wählen dann wieder eine (eine einzige!) aus der Liste und arbeiten in der genau gleichen Weise daran wie unter den vorangehenden Punkten beschrieben.

3. Verletzungen und Verzeihen

Im Rahmen der Selbstliebe will ich noch einen Aspekt ansprechen, der für die wahre Liebe so unerlässlich ist wie die Luft zum Atmen: die Bereitschaft zu verzeihen. Niemand ist vollkommen, wir alle machen Fehler. Und wir müssen die Fehltritte des Partners verzeihen und er die unseren, wie schwerwiegend diese auch sein mögen, Lüge, Untreue, Vertrauensbruch, und – genau so wichtig – die alltäglichen kleinen «Sünden», die sich gern häufen, wie den vergessenen Einkauf, die herumliegenden Socken, die ausgesperrte Katze, die Kalkflecken in der Dusche, den unnötigen Strafzettel, die unsensible Bemerkung, ... Was uns das Vergeben zuweilen so schwer macht, geht nicht zuletzt auf den Mangel an Selbstliebe zurück: Wir nehmen das Vergehen des Partners persönlich, werten es als Beweis oder zumindest als Indiz, er liebe uns nicht genug. Das tut weh. An seiner Liebe zweifeln wir aber nur, weil wir an uns selbst zweifeln und uns nicht für liebenswert (genug) halten.

Doch wie ich bereits an anderer Stelle erläutert habe, hat das Verhalten des Partners ausschließlich mit ihm selbst zu tun. Der Seitensprung gründet auf *seiner* Schwäche, die Lüge auf *seiner* Feigheit, der Vertrauensbruch auf *seinen* Ängsten. Das hat nichts mit uns zu tun! Von den kleineren Vergehen ganz zu schweigen, sie beruhen vorwiegend auf banalen Wünschen und Ängsten, wenn nicht sogar bloß auf Unachtsamkeit, Nachlässigkeit, Faulheit. Darum sollten wir uns an die folgenden Leitlinien halten:

• Wir vertrauen dem Partner in dem Sinn, dass wir immer davon ausgehen, er meine es gut mit uns und handle – in seiner Unvollkommenheit – so, wie er es für richtig hält und kann, und nie mit dem Ziel, uns wehzutun oder zu schaden.
• Wir suchen immer nach Gründen und nach einer Rechtfertigung für die Verhaltensweise des Partners, die uns missfällt. Ein Bild, das uns dabei vielleicht hilft: Wir sehen in ihm das kleine Kind, das manchmal Dinge tut, die nicht richtig sind, sich aber nur nach Liebe sehnt. Wir erkennen, wie traurig/schuldig/enttäuscht/hilflos sich das Kind fühlt und wie es einfach in den Arm genommen werden möchte.
• Unabhängig davon, wie der Partner sich verhält: Es hat keinen Einfluss auf unsere Liebe. Wir verurteilen zwar die

Tat, verzeihen ihm aber und tragen ihm nichts nach, werfen sie ihm bei künftigen Vergehen nicht wieder vor.

Haben wir erkannt, dass das Verhalten des Partners nicht auf uns persönlich abzielt, greift es unser Selbstwertgefühl nicht an und verletzt uns nicht. So sollte es uns gelingen, ihm seine Unvollkommenheit zu verzeihen. *Wir verurteilen immer nur die Sünde, nie den Sünder, und wir verzeihen immer dem Sünder, nie die Sünde selbst.* Es ist sinnlos, uns einreden zu wollen, die Untreue oder die Lüge seien kein Unrecht. Sie *sind* es. Doch der Mensch, der sie begangen hat, ist deswegen nicht zu verdammen, er hat lediglich gefehlt, was menschlich ist. Und *verzeihlich*, im wahren Sinn des Wortes.

Für *unverzeihlich* halten wir es zuweilen, außer wegen unseres Mangels an Selbstliebe, aus einem weiteren Grund: Wir denken, dass wir selbst «so etwas nie tun würden». Meine Erfahrung hat mich jedoch gelehrt, in diesem Zusammenhang nie das Wörtchen *nie* zu verwenden. Ich habe die aufrichtigsten Menschen lügen sehen, als sie in eine Situation gerieten, die sie *nie* für möglich gehalten hätten; ich habe Untreue erlebt bei Menschen, die sie zuvor bei anderen scharf verurteilt hatten und davon überzeugt gewesen waren, ihnen könne das *nie* passieren. Ich selbst bin mehr als einmal von eisernen Prinzipien abgewichen. Abgesehen davon erinnere ich daran, dass wir uns voneinander unterscheiden, jeder Mensch hat seine eigenen Schwächen und Stärken. Wir sollten uns davor hüten, uns zum Maßstab zu erklären und andere daran zu messen. Haben wir selbst etwa keine Schwächen, die unser Partner überhaupt nicht aufweist? Und besitzt er nicht Stärken, von denen wir nur träumen können? Seien wir also nachsichtig mit den Unzulänglichkeiten des Liebsten, auch wenn wir sie nicht verstehen und sie unserem eigenen Wesen fremd sind.

Was mich zum umgekehrten Fall führt, nämlich ein eigener Fehltritt. Was macht es denn zuweilen so schwer, ihn einzugestehen und Abbitte zu leisten? Wiederum ist es die mangelnde Selbstliebe: Wir befürchten, der Partner könnte uns verurteilen, uns nicht mehr lieb haben, bei schwerwiegenden Vergehen vielleicht sogar verlassen. Aber auch bei unbedeutenderen «Sünden» ertragen wir es kaum, getadelt zu werden, weil es unser schwaches Selbstwertgefühl weiter schmälert; zudem verurteilen wir uns bereits selbst dafür und verzeihen uns nicht. Für die Stärkung der Selbstliebe ist es wichtig, uns selbst alles, wirklich alles zu vergeben. Wichtig für die Paarbeziehung ist, dass wir jederzeit den Mut aufbringen, Fehler zuzugeben und um Vergebung zu bitten. Dazu noch ein Hinweis. Oft sagen wir: «Ich entschuldige mich» oder einfach: «Entschuldigung». Es mag Ihnen als Spitzfindigkeit vorkommen, aber für eine gute Kommunikation sind die Feinheiten der Sprache nicht unbedeutend. *Ent-schuldigen* im wahren Sinn des Wortes, das heißt *von Schuld freisprechen*, können wir uns nicht selbst. Das kann nur derjenige, dem wir ein Unrecht angetan haben. Wir selbst dürfen lediglich darum bitten. Sagen wir in solchen Situationen also: «Ich bitte dich um Entschuldigung» oder: «Bitte verzeih mir». Damit beweisen wir Einsicht, der Partner fühlt sich respektvoll behandelt und ernst genommen und wird entgegenkommender reagieren.

Nach meinem Plädoyer für die Nachsicht fragen Sie sich vielleicht: Wie oft muss ich meinem Partner denn verzeihen? Darf er sich immer und immer wieder einen Fehltritt erlauben? Gar den gleichen? Nein, natürlich nicht. Beim dreiunddreißigsten Seitensprung ist dann einmal Schluss. Spaß beiseite, es lässt sich keine feste Regel über das richtige Maß aufstellen, jede Paarbeziehung ist anders, jede Situation einzigartig. Ich gebe deshalb nur einige Hinweise, die Sie jeweils bedenken sollten:

• Jeder verdient eine neue Chance. *Mindestens eine.* Denn die einen lernen schneller, die anderen langsamer. Achtung: Gewalt darf höchstens ein Mal verziehen werden, und nur in Fällen leichtester Gewalt!

• Aufrichtige Reue soll anerkannt und belohnt werden.

• Es gilt zu unterscheiden zwischen Fehlern, die dem Partner aus Unachtsamkeit oder Unfähigkeit passieren, und solchen, die er bewusst und willentlich begeht. Bei letzteren darf die Toleranzgrenze bei Rückfällen durchaus niedriger sein. Mit anderen Worten: Kann er es einfach nicht besser, so wäre es nicht gerecht, ihn dafür zu bestrafen.

Selbst wenn ihm der gleiche Fehler mehrmals unterläuft. Diese Grenze ist nicht immer einfach zu ziehen und wir müssen dabei aufpassen, nicht aus *unserer* Perspektive zu urteilen, sondern aus *seiner*. Damit meine ich, dass wir *sein* Wissen und Können berücksichtigen, und nicht, ob *wir selbst* diesen Fehler nicht (mehr) machen würden.

• Bei Vergehen gegen unsere vitalen Bedürfnisse sollten wir strenger sein und weniger oft darüber hinwegsehen, andernfalls leidet die Seele.

• Haben wir uns dafür entschieden, eine Verfehlung zu verzeihen, so ziehen wir *tatsächlich* einen Schlussstrich darunter, hacken nicht noch lange darauf herum und schon gar nicht werfen wir sie dem Partner bei einer späteren Gelegenheit wieder vor.

• Seien wir uns auch bewusst, dass ein Akt echter Vergebung nicht nur dem «Sünder» guttut. Die Enttäuschung, die Verletzung, der Schmerz, die Wut, kreisende Gedanken und ähnliche Regungen, die wir empfinden, ebenso wie der ungelöste Konflikt mit dem Partner schaden uns selbst und halten uns in einer negativen Stimmung gefangen.

• Und zu guter Letzt: Verzeihen wir nie aus Angst (vor Liebesentzug oder Verlust), sondern nur aus Liebe.

Besonders schwer zu verzeihen sind tiefe oder wiederkehrende Verletzungen. Wie gedankenlos sagen wir zuweilen Dinge, die den Liebsten verwunden. Selten mit dieser Absicht, vielmehr lassen wir uns von Wut, Enttäuschung, Ohnmacht und nicht zuletzt von selbst erlittenen Verletzungen hinreißen. Wie zerknirscht wir uns danach auch zeigen und wie oft wir um Entschuldigung bitten: Ungeschehen machen können wir nichts. Der Pfeil ist eingedrungen.

Sind Wunden tief genug, heilen sie nicht so schnell und hinterlassen fast immer Narben, die selbst nach langer Zeit wieder aufplatzen können, obwohl sie scheinbar gut verheilt sind. Bei mehreren nahe beieinanderliegenden Wunden bildet sich ein Narbengewebe, das verhärtet und unelastisch bleibt. All dies trifft auf den Körper ebenso wie auf die Seele zu. Eine Paarbeziehung mit zu vielen Narben ist schwer zu heilen, manchmal nicht mehr zu retten. Deshalb ist es wichtig, die Wunden erst gar nicht zuzufügen; dazu bedarf es großer Achtsamkeit und Selbstkontrolle. Es lohnt sich, in dieser Hinsicht intensiv an sich zu arbeiten. Allerdings sind nicht alle Menschen gleich: Es gibt Mimosen und Dickhäuter. Bei ersteren liegt der Verletzlichkeit häufig ein Mangel an Selbstliebe zugrunde, weshalb sie mit Ihrer «Desensibilisierung» hier ansetzen sollten. Letztere müssen einsehen, dass andere empfindlicher reagieren als sie selbst, und lernen, sich vorsichtiger und empathischer zu verhalten.

Eines sollten wir alle vermeiden, sobald wir uns verletzt fühlen: dem Partner die Schuld dafür zuweisen. Unabhängig davon, was er gesagt oder getan hat, denken wir nicht: «Er verletzt mich», sondern «Ich fühle mich verletzt». Niemals, in keiner Situation, dürfen wir andere für unser Befinden verantwortlich machen. Dadurch würden wir ihnen ja Macht über uns verleihen! Ob ein Pfeil uns tief und anhaltend verletzt, liegt einzig an uns. Ohne diese eminent wichtige Erkenntnis zu verinnerlichen, werden wir im Leben nicht anhaltend glücklich. Daher bleibt uns tatsächlich nichts anderes übrig, als zu lernen, uns nicht verletzt zu fühlen. Bildlich gesprochen: →den Pfeil sofort herausziehen und die Wunde pflegen, damit keine Narbe zurückbleibt.

→ Siehe «Den Pfeil herausziehen», Seite 144.

*   *   *

Fazit

Wie wichtig die Selbstliebe für die reine Liebe und die Paarbeziehung ist, dürfte nach meinen Erläuterungen einleuchten. Ich bin ohnehin davon überzeugt, dass vielen von Ihnen manches vorher schon bekannt und bewusst war, Sie aber vielleicht bislang nicht konsequent an der Stärkung Ihrer Selbstliebe gearbeitet haben. Ich hoffe, dieses Kapitel motiviert Sie dazu. Ich will nochmals betonen, dass es bei Weitem nicht ausführlich genug darauf eingeht: Es fasst auf wenigen Seiten zusammen, was ich in zwei Büchern von gesamthaft rund 280 Seiten behandelt habe. Aber es kann nicht die Aufgabe dieses Wegweisers zu Liebesbeziehungen sein, alles zum Thema Selbstliebe nochmals zu integrieren. Nicht zuletzt aus Rücksicht auf diejenigen, die meine anderen Bücher bereits kennen.

Fehler* und Selbstverurteilung

«Wie soll man sich selbst lieben, wenn man ein Leben lang immer alles falsch gemacht hat?» Diese oder eine ähnliche Frage wurde mir in meinen Kursen und auf meinen Websites immer wieder gestellt. Sie entstammt einer unserer selbstzerstörerischen Untugenden: Wir sehen unsere Fehler stets als unsterbliche Monster, die uns ein Leben lang begleiten und sich in unseren Gedanken, manchmal auch in den Träumen manifestieren.

Laut Gesetz darf niemand für die gleiche Straftat mehr als einmal vor Gericht gestellt werden. Doch wir verurteilen uns 100- und 1000-mal für den gleichen Fehler: Der innere Richter richtet immer wieder. Wir fühlen uns schuldig, unwürdig, unfähig und dadurch wertlos, und wir bestrafen uns stets von Neuem mit Selbstverachtung, Selbstablehnung und Liebesentzug.

Das Prinzip von Strafe und Sühne steckt tief in uns allen, es wird bei uns ja von frühester Kindheit an praktiziert, und es gehört darüber hinaus zu unserem kollektiven Erbe. Nichtsdestotrotz muss es nicht richtig und sinnvoll sein.

Es ist wichtig, unser Verhalten objektiv anzuschauen und selbstkritisch (nicht verurteilend!) zu bewerten. Nur so lernen wir und entwickeln uns weiter. Doch wir sollten uns *nie* Selbstvorwürfe machen, uns *nie* selbst dafür bestrafen, in keiner Art und Weise. Wir handeln doch immer so, wie wir es können, wie wir gerade dazu fähig sind. Bedenken wir dabei stets, dass es einfach ist, nachdem wir die Konsequenzen des Handelns erfahren haben, *im Rückblick* zu wissen, was richtig(er) gewesen wäre. Doch dieses Wissen besaßen wir im damaligen Zeitpunkt nicht.

Ziehen wir täglich einen Schlussstrich, was auch immer gewesen sein mag. Jeden Morgen stehen wir als neue Menschen auf, der Tag liegt vor uns: Damit wir Erfahrungen sammeln und lernen. Lassen wir nicht zu, dass die Fehler von gestern noch heute auf uns lasten.

* Der Begriff «Fehler" ist streng genommen nicht richtig. Ich verwende ihn, weil er nun einmal dem allgemeinen Sprachgebrauch entspricht und jeder versteht, was damit gemeint ist. In Wirklichkeit gibt es keine Fehler, nur Erfahrungen. Das Leben ist nämlich die →Schule, in der wir lernen, um uns weiterzuentwickeln. Selbst wenn wir die gleiche Erfahrung immer und immer wieder machen müssen, weil wir die Lektion noch nicht verstanden haben: Dann sind wir eben einfach noch nicht so weit. Dafür können wir nichts. Oder sollten wir etwa einen Erstklässler verurteilen und bestrafen, weil er Gleichungen mit zwei Unbekannten noch nicht lösen kann, nachdem wir sie ihm x-mal erklärt haben?

→ Die innere Entwicklung in der Schule des Lebens habe ich in meinem Buch «Der Sinn des Lebens und die Lebensschule» behandelt; Info siehe Seite 183.

Den Pfeil herausziehen

Schießt der Partner, meistens eher aus Unachtsamkeit oder Unwissenheit denn aus Böswilligkeit, einen Pfeil auf uns und trifft er einen unserer wunden Punkte, tut es weh. Es ist normal, diesen Schmerz zu spüren. Entscheidend ist jedoch, die Wunde sofort zu verarzten, damit sich keine Narbe bildet, welche die Liebesbeziehung belastet. Gehen Sie wie folgt vor:

1. Den Pfeil herausziehen. Machen Sie sich bewusst, dass die Aussage oder Verhaltensweise, die Sie verletzt hat, nicht zu Ihnen gehört, sondern von außen eingedrungen ist. Sie hat nichts mit Ihnen zu tun. Sie lehnen sie kategorisch ab und befreien sich bildlich davon. Sie können dies in einer kurzen Imagination mit geschlossenen (oder sogar mit offenen) Augen tun: Stellen Sie sich vor, wie Sie diesen Pfeil aus Ihrem Körper herausreißen und wegschleudern.

2. Die Wunde reinigen und desinfizieren. Sie waschen das Gift, das in Sie eindringen will, aus, indem Sie die verletzende Aussage oder Tat «verwässern». Je nach Situation können Sie sich sagen, dass Ihr Liebster völlig im Unrecht ist, nur aus Wut, Mangel an Selbstkontrolle oder Selbstwertgefühl und aus seiner momentanen persönlichen Lage gehandelt hat, ohne es wirklich zu wollen.

Es ist schwierig, das «Desinfizieren der Wunde» theoretisch zu erläutern, denn in jeder Situation sind es andere Argumente, die helfen. Wichtig ist jedenfalls, dass Sie sich nie schuldig fühlen oder annehmen, Sie hätten es nicht anders verdient, und Sie dürfen sich keinesfalls in die Opferrolle versetzen. Auch müssen Sie verhindern, dass das «Gift» in Form kreisender Gedanken, Aufwärmen früherer ähnlicher Ereignisse, ... in Ihnen zirkuliert.

3. Die Wunde verbinden. Sie legen etwas Schönes, Gutes, Angenehmes über die Wunde, indem Sie sich andere Situationen in Erinnerung rufen, in denen Ihr Partner Ihnen liebe Worte oder Taten schenkte, generell Situationen, in denen Sie sich gut und wertvoll fühlten und sich selbst liebten. Zudem gönnen Sie sich gleich etwas Schönes, ein Eis, ein neues Buch, einen Spaziergang, ...

4. Dieses Prozedere wiederholen Sie, sooft der Schmerz der Verletzung erneut aufflammt.

Bedenken Sie auch, dass das Sichverletztfühlen möglicherweise nur auf eine frühere Wunde zurückgeht: Der aktuelle Pfeil würde nicht schmerzen, wäre er nicht in einer alten Narbe stecken geblieben, vielleicht aus der Kindheit, an die Sie sich gar nicht bewusst erinnern.

XII. A wie Authentizität

Für Authentizität gibt der →Duden keine weitere Definition als «das Authentischsein» an und als Synonyme unter anderen: Echtheit, Glaubwürdigkeit, Verlässlichkeit. Ich verstehe darunter, um es gleich vorwegzunehmen: *Ich selbst sein und mich zeigen, wie ich bin.* Ich betrachte die Authentizität zwar als einen Aspekt der Selbstliebe, einen dermaßen gewichtigen jedoch, dass er in der SAKE-Formel einen eigenen Buchstaben bekommen hat.

→ Aus Duden Online, Stand Dezember 2024.

Wenn wir unser Selbstwertgefühl aus der Bewertung der Mitmenschen beziehen und glauben, ihre positive Beurteilung und Liebe hänge von unseren guten Eigenschaften und unserem Wohlverhalten ab, handeln wir stets so, dass sie zufrieden mit uns sind. Wir wollen ihnen gefallen und bemühen uns um ihre Wertschätzung und Anerkennung; wir versuchen, sie nicht zu enttäuschen oder zu verärgern, und zeigen uns von der besten Seite; wir sind peinlichst darauf bedacht, nichts falsch zu machen und liebenswert, schön, intelligent, fröhlich, ... zu erscheinen. Und aus all diesen Gründen zögern wir auch nicht, zu lügen oder die Wahrheit zu vertuschen. Dies vor allem bei Menschen, auf deren Urteil wir Wert legen oder von dem wir abhängig zu sein meinen, etwa gegenüber Eltern, Partner, Freunden, Vorgesetzten, Arbeitskollegen, zuweilen aber sogar bei Unbekannten, die wir höchstwahrscheinlich nur einmal im Leben treffen.

Das führt dazu, dass wir ständig Angst haben, unsere Meinung zu sagen, eine Schwäche zu zeigen, etwas Dummes zu äußern oder uns blöd anzustellen – nicht perfekt zu wirken. Deshalb trauen wir uns auch nicht, einen Fehler zuzugeben, zu widersprechen, um Hilfe zu bitten oder diese anzunehmen, und wir versuchen, Kritik abzuwiegeln, von einer peinlichen Situation, Panne oder Blamage abzulenken, Unwissen zu verheimlichen. Wir lächeln, ohne dass uns danach zumute ist, wir halten Tränen zurück, obwohl wir weinen möchten, wir überfordern uns weit über unsere Kräfte hinaus, wir zeigen in jeder Situation den starken Mann, die tapfere Frau – bloß damit man unsere tatsächlichen oder vermeintlichen Schwächen nicht entdeckt.

Generell spielen wir oft eine Rolle, die charmante, die melancholische, die witzige, die lässige, die übermütige, die großzügige, die unterwürfige, die überlegene, die naive, die verträumte, die unabhängige, die selbstverliebte, ... Damit versuchen wir, ein Bild von uns zu vermitteln, das wir für passend halten, sei es, dass wir gern so wären, sei es, dass wir meinen, so sein zu müssen, um zu gefallen. Oder um weiterhin dem Bild gerecht zu werden, das sich andere von uns einst gemacht haben: «Du bist immer gut drauf», «Du lässt dich nicht so schnell unterkriegen», «Du weißt immer Rat». Solche Masken legen wir auf, weil wir geschätzt und geliebt werden wollen oder zum Schutz vor Verletzungen und dem Partner gegenüber besonders auch wegen unserer Verlustangst.

Dieses Phänomen, uns von der besten Seite zu zeigen, ist uns allen hinlänglich bekannt, nämlich wenn wir jemanden neu kennenlernen und uns verlieben. Wer will bei den ersten Dates nicht perfekt aussehen? Wer spricht dabei von seinen Fehlern und Unzulänglichkeiten? Wer bemüht sich nicht, charmant, zuvorkommend, unterhaltsam zu sein? Dem gleichen Menschen sitzen wir dann nach Jahren der Beziehung in abgetragener Hauskleidung und ungekämmt am Frühstückstisch gegenüber, reden kaum drei Worte mit ihm und haben keine Hemmungen, in seiner Gegenwart zu pupsen. Vielleicht eine überspitzte Darstellung, und natürlich ist es nur menschlich, uns am Anfang vorteilhaft und einnehmend darstellen zu wollen. Übrigens: Der Partner tut genau das Gleiche. Das wissen wir eigentlich, dennoch sind wir dann enttäuscht, treten nach und nach seine weniger guten Eigenschaften zutage.

In die gleiche Thematik wie die verheimlichten schlechten Eigenschaften gehören die verheimlichten Bedürfnisse und Wünsche. In erster Linie die sexuellen Wünsche und Präferenzen, die wir nicht aussprechen, sei es, weil wir befürchten, den Liebsten damit vor den Kopf zu stoßen, sei es, weil wir uns dafür schämen. Zudem banalere Wünsche: Der Mann, der gern ein Zwergkaninchen hätte, wie er es damals als Kind besaß, dies aber verschweigt, weil er befürchtet, seine Partnerin würde ihn für unmännlich und sentimental halten; die Frau, die getrennte Schlafzimmer möchte, weil sie allein in einem Raum besser schläft, ihr Bedürfnis aber nicht äußert, da der Partner es als mangelnde Liebe auffassen könnte.

Doch wie glücklich können wir in einer Beziehung sein, in der wir nicht gänzlich so sind, wie wir in Wahrheit sind? Wenn wir ständig aufpassen müssen, dem Bild zu entsprechen, das wir darstellen wollen? Uns nicht zu sagen trauen, was wir uns wünschen? Diese Maske, die wir fortwährend tragen, wiegt schwerer, als man annehmen möchte, es ist eine konstante Last, die uns in doppelter Hinsicht Energie raubt: einerseits, um nicht aus der Rolle zu fallen und uns zu verraten, und andererseits, um gegen das Drängen der Seele, endlich wir selbst zu sein, anzukämpfen. Energie, die wir sonst in unser inneres Wachstum und die Pflege der Liebesbeziehung investieren könnten. Zudem schafft diese Maske zwangsläufig eine Distanz zum Partner, die wir gar nicht wollen und welche die Beziehung belastet.

Auf die Dauer funktioniert es nicht. Wir fühlen uns unglücklich, frustriert, unbefriedigt. Wir möchten sein dürfen, wie wir sind, natürlich, echt. Doch nach Monaten oder gar Jahren des Rollenspiels ist es nicht einfach, plötzlich das wahre Gesicht zu zeigen. Denn damit würden wir ja zugeben: «Ich habe dich bislang angelogen, seit jeher.» Wir fürchten die Reaktion des Partners, ihn zu enttäuschen, ihn zu verlieren. Unbewusst mag dies mit ein Grund sein, warum wir uns, ergibt sich eine Gelegenheit, vorschnell trennen und eine neue Beziehung mit einem anderen Partner, der uns noch nicht kennt, eingehen. Dann könnten wir nämlich ganz neu beginnen, authentischer. Ob wir es jedoch tatsächlich tun, ist fraglich, falls wir nicht zuerst das Selbstwertgefühl und die Selbstliebe stärken. Normalerweise beginnt das Schauspiel nämlich einfach von Neuem mit gleichen Rollen: Wir zeigen uns von der besten Seite, verheimlichen Schwächen und Wünsche, bis wir es wieder nicht mehr aushalten und uns nach einer neuen Beziehung sehnen oder unglücklich weitermachen, weil wir innerlich aufgegeben haben.

Wie gesagt, es ist absolut normal, bei den ersten Dates nicht gleich die schlechtesten Seiten zu zeigen. Doch wir dürfen uns keinesfalls so darstellen, wie wir nicht sind.

Danach sollten wir uns sehr bald auf den Weg der Authentizität begeben und unsere Unzulänglichkeiten, Bedürfnisse und Werte vollständig offenlegen. Je länger wir damit warten, desto schwieriger wird es. Ohne Selbstliebe werden wir es kaum schaffen, wie das vorangehende Kapitel verdeutlicht hat. Falls Sie also gerade Single sind, kann ich Ihnen wärmstens empfehlen, intensiv daran zu arbeiten, bevor Sie sich auf eine neue Beziehung einlassen. Außer Amors Pfeil träfe Sie vorher. In diesem Fall bleibt Ihnen nichts anderes übrig, als die Theorie gleich in die Praxis umzusetzen. Was aber, wenn Sie bereits in einer (langjährigen) Beziehung leben? Dann rate ich Ihnen, das Thema gemeinsam mit Ihrem Liebsten behutsam anzugehen und zu bereinigen – möglicherweise ist er ja auch nicht hundertprozentig authentisch. Doch jeder Fall ist anders, sodass ich nachfolgend nur eine allgemeine Vorgehensweise vorstellen kann, die Sie an Ihre Bedürfnisse und Gegebenheiten anpassen sollten. Bei gewichtigeren verschwiegenen Fakten, könnten Sie auch die Begleitung durch einen Paartherapeuten ins Auge fassen.

Am einfachsten ist es natürlich, wenn Ihr Partner dieses Buch aus persönlichem Interesse ebenfalls liest und Ihren Wunsch teilt, mit allem nicht Authentischen ein für allemal aufzuräumen. Möglicherweise wollen Sie beide aber zuerst unabhängig voneinander Ihre Selbstliebe aufbauen, wie ich im entsprechenden Kapitel vorschlage.

Auf der nächsten Doppelseite finden Sie ein Arbeitsblatt, auf dem Sie Ihre verheimlichten Schwächen und Wünsche eintragen können. Am besten machen Sie zwei Kopien davon und Sie und Ihr Partner füllen es individuell aus. Jeder sollte sein Exemplar dann so aufbewahren, dass der andere es nicht zu sehen bekommt.

Danach einigen Sie sich auf eine Vorgehensweise, wie Sie einander die «Geständnisse» anvertrauen wollen. Am radikalsten wäre, die ausgefüllten Fragebögen jeweils auszutauschen, wovon ich Ihnen jedoch abrate. Es ist besser, die verschiedenen Punkte einzeln nacheinander anzusprechen und zu verändern. So können Sie beispielsweise vereinbaren, dass jeder von Ihnen einen Punkt der eigenen Liste nennt und Sie darüber diskutieren. Daraufhin nehmen Sie sich beide vor, sich in Bezug auf diese Eigenschaft/diesen Wunsch künftig nicht mehr zu verstellen, nichts vorzutäuschen, nichts zu verheimlichen – Sie selbst zu sein. Das praktizieren Sie eine Weile, vielleicht dauert es eine Woche, vielleicht einen Monat, vielleicht länger, bis es Ihnen zur Selbstverständlichkeit geworden ist. Bestimmt werden Sie es anfänglich nicht immer schaffen. Wichtig ist, dass Sie beide es sich gegenseitig mitteilen, stellen Sie bei sich selbst oder beim Partner einen Rückfall in das alte Muster fest. Immer respektvoll, achtsam, mit Liebe und Verständnis, niemals mit Vorwürfen oder Tadel. Und schon gar nicht mit Ungeduld. Solche Veränderungen brauchen generell Zeit; auch fallen Sie nicht jedem Menschen gleich leicht oder schwer.

Haben Sie den ersten Punkt Ihrer jeweiligen Listen erfolgreich bewältigt, fahren Sie in gleicher Weise mit dem nächsten fort und daraufhin mit allen folgenden. Es kann durchaus vorkommen, es ist sogar wahrscheinlich, dass der eine von Ihnen den ersten Punkt bereits erfolgreich bewältigt hat, während der andere immer noch damit kämpft. Dann könnte der eine theoretisch bereits mit dem nächsten Punkt fortfahren. Ich schlage jedoch vor, dass der «Fortgeschrittenere» auf den anderen wartet: Sie gehen Hand in Hand, Schritt für Schritt gemeinsam weiter, in Liebe, Verständnis und Einheit.

Nun komme ich noch zum Fall, dass Sie, obwohl in einer Paarbeziehung, den Weg der Authentizität allein, ohne den Partner gehen wollen oder müssen. Das Vorgehen ist dabei ähnlich. Sie füllen den Fragebogen aus und arbeiten die Punkte einen nach dem anderen ab. Dabei können Sie entweder das Thema mit Ihrem Liebsten besprechen, ihm also beichten und mitteilen, dass Sie ihm in Zukunft nichts mehr vormachen werden, oder Sie handeln einfach, ohne ihn explizit darüber informiert zu haben, und gehen dann ausführlich auf seine möglichen Reaktionen ein. Ich persönlich empfehle ersteres Vorgehen, aber wie weiter oben schon erwähnt, ist jeder Mensch, jede Beziehung anders, und was im einen Fall vorzuziehen ist, kann im anderen die ungünstigere Variante sein.

Arbeitsblatt zur Authentizität

Es geht bei der Authentizität nicht darum, dem Partner Ihre letzten Geheimnisse zu verraten; jeder Mensch hat solche, die er lebenslänglich wahrt und nie jemandem anvertraut, beispielsweise Familiengeheimnisse oder Jugendsünden. Ebenso wenig müssen Sie über banale Wünsche/Unzulänglichkeiten oder alte Geschichten sprechen, die auf die Liebesbeziehung keinerlei Einfluss haben. Sind Sie ehrlich mit sich selbst, so spüren Sie, was Ihnen Unbehagen bereitet, weil Sie es bisher verheimlichten und deshalb nicht Sie selbst sein konnten, eine Rolle spielen mussten. Genau das ist es, was Sie offenlegen sollten.

Was wünsche ich mir vom Partner, das ich ihm noch nie mitgeteilt habe?
Es können sexuelle Bedürfnisse sein, bestimmte Hilfestellungen im Alltag, mehr Zeit für Sie selbst oder mehr gemeinsame Zeit, ...

_____

_____

_____

_____

_____

Welche Unzulänglichkeiten, Schwächen, kleine «Vergehen» habe ich bisher vor meinem Partner verheimlicht?
Beispiele: Eifersucht, gelegentliches Rauchen, Trauer, Selbstzweifel, Brustimplantate, Schreib-/Leseschwäche, ...

_____

_____

_____

_____

Welche Werte, Ansichten, Einstellungen habe ich bisher vor dem Partner verheimlicht, weil ich weiß oder annehme, dass er sie nicht teilt?
Es handelt sich etwa um politische Ansichten, Fragen der Kindererziehung, Ernährungsverhalten, persönliche Interessen, ...

_____

_____

_____

_____

_____

_____

*Welche Eigenschaften/Verhaltensweisen meines Partners missfallen mir **stark**, ohne dass ich ihn je darauf aufmerksam gemacht habe?*
Dabei handelt es sich beispielsweise um die Körperhygiene, den Autofahrstil, ...; Sie sollten sich aber davor hüten, Eigenheiten, die er beim besten Willen **nicht ändern kann**, vorzubringen.

_____

_____

_____

_____

_____

XIII. K wie Kommunikation

1. Reden ist mehr als Silber...

Ohne miteinander zu reden, funktioniert eine Beziehung nicht. Ohne schweigen zu können allerdings auch nicht. Dazu aber später, widmen wir uns zuerst dem Reden. Die Probleme bei der Kommunikation – und damit die Chancen zur Veränderung – liegen hier hauptsächlich in vier Bereichen.

A. Unfähigkeit und Widerwille, sich mitzuteilen
Wuchsen wir in einer Familie auf, in der man offen zueinander war, sich Empfindungen und Befindlichkeiten gegenseitig mitteilte und Meinungsverschiedenheiten gemeinsam ausdiskutierte, so wurde uns eine gute Basis zur Kommunikation mit dem Partner mitgegeben. Erfuhren wir dies hingegen als Kind nicht und setzten wir uns später nicht bewusst mit diesem Mangel auseinander und lernten dazu, dann dürfte uns auch die Kommunikation mit dem Partner nicht leicht fallen. So weit, so gut, das leuchtet ein.

Doch es kommt ebenfalls vor, dass wir früher gut reden konnten, es später mit dem Partner aber nicht (mehr) tun. In diesem Fall kann es sich um einen Widerwillen handeln, den wir uns durch Erfahrungen angeeignet haben. Ist der Partner ein Mensch, der alles, was wir sagen, prinzipiell in Frage stellt, mit Kritik und Opposition quittiert oder es uns später vorhält, uns das Wort im Mund herumdreht, unsachlich argumentiert, immer recht haben will, dann haben wir gelernt, dass es ratsam ist, unsere Empfindungen, Meinungen, Sorgen für uns zu behalten und denjenigen des Partners nicht zu widersprechen. Dieses Verhalten prägt sich schließlich in uns ein, wird zu einem Muster, das wir willentlich wieder loswerden müssen. Indem wir den Partner darauf ansprechen, so schwierig es auch ist, und ihn animieren, einen Kommunikations-Kurs zu besuchen. Und uns selbst dazu überwinden, dennoch mit ihm zu reden – uns selbst zuliebe –, und seine Art gleichmütig ertragen.

Abgesehen von diesem spezifischen Fall, beruhen zahlreiche Gründe für die Abneigung sich mitzuteilen auf einem geringen Selbstwertgefühl, namentlich auf der Angst, nicht (mehr) geliebt zu werden und/oder den Partner zu verlieren. Wie bereits im Kapitel über die Authentizität dargelegt, trauen wir uns nicht, uns zu «entblößen», um nicht beund verurteilt zu werden, uns nicht schwach oder bedürftig zu zeigen, keine Angriffsfläche zu bieten. Eine gewisse Konfliktscheu spielt oft ebenfalls mit, sei es aus Angst vor Ablehnung und/oder anderen Konsequenzen, sei es aus falsch verstandener Rücksichtnahme oder einem großen Harmoniebedürfnis – nüchtern betrachtet zeugen letztere meistens auch nur von einem Mangel an Selbstliebe.

Eine Ursache der Unfähigkeit, sich dem Partner mitzuteilen und auf seine Mitteilsamkeit zu reagieren, liegt nicht zuletzt in der traurigen Tatsache, dass viele Menschen in der Regel weder im Elternhaus noch in der Schule lernen, was eine konstruktive und für beide Seiten befriedigende Kommunikation ausmacht. Es gibt zwar gute Kurse und Seminare dazu, doch die wenigsten besuchen sie ohne echte Not oder Druck, weil sie sich gar nicht bewusst sind, dass es sich tatsächlich um eine Fähigkeit handelt, die uns nicht angeboren ist, sondern erlernt werden muss. Im Rahmen dieses Buches gehe ich nicht allzu ausführlich darauf ein – ich empfehle allen, einmal einen entsprechenden Kurs zu absolvieren – und führe deshalb nur einige grundlegende Regeln auf:

• Nehmen Sie den Gesprächspartner ernst und gehen Sie respektvoll mit ihm um! Das ist das A und O der Kommunikation. Beachten Sie schon nur diesen Punkt, haben Sie die besten Voraussetzungen geschaffen.

• Äußern Sie sich klar und sachlich, verzichten Sie auf Andeutungen, Seitenhiebe, Sarkasmus, Zynismus.

• Ziehen Sie in Betracht, dass Sie oder Ihr Partner eine Aussage missverstanden haben könnten. Fragen Sie deshalb im Zweifelsfall nach: «Wie meinst du das?», «Ich verstehe es nicht ganz, kannst du es mir mit anderen Worten nochmals erklären?» Versichern Sie sich während des Gesprächs generell von Zeit zu Zeit, dass Ihr Partner das, was Sie sagen, richtig auffasst: «Drücke ich mich verständlich aus? Soll ich es nochmals anders formulieren?»

• Machen Sie sich laufend bewusst, dass Sie ein Gespräch mit *offenem* Ausgang führen; gehen Sie also nicht davon aus, am Ende Recht zu bekommen oder einen «Sieg» davonzutragen.

- Formulieren Sie eine Kritik nicht in Form persönlicher Anschuldigungen, sondern sprechen Sie über Ihre eigene Wahrnehmung oder Empfindung, und verurteilen Sie immer nur die Sünde, nie den Sünder. Sagen Sie also nicht: «*Du hast* den Tisch nicht sauber abgewischt», sondern: «*Mir scheint*, der Tisch ist nicht ganz sauber abgewischt.» Nicht: «*Du* hast mich verletzt», sondern: «*Ich* fühle mich durch *deine Worte* verletzt».

Nachfolgend noch einige Tipps, die je nach Gesprächssituation hilfreich sein können:

- Schauen Sie Ihr Gegenüber ununterbrochen an und nehmen Sie eine positive, aufrichtig offene *innere* Haltung ein; sie wird sich in Ihrer Körpersprache widerspiegeln, was Ihr Partner bewusst oder unbewusst wahrnimmt.
- Sie dürfen und sollen sagen, was Sie missbilligen, was Sie verletzt, was Sie nicht akzeptieren wollen, aber kritisieren Sie Ihren Partner nicht im Beisein anderer und ziehen Sie keine fremden Meinungen zur Bekräftigung Ihrer eigenen heran, wie: «Dein Bruder hat auch gesagt, dass ...».
- Berufen Sie sich auf die gegenwärtige, konkrete Begebenheit, holen Sie also weder frühere Ereignisse noch Allgemeinplätze hervor.
- Weichen Sie einem von Ihrem Partner aufgegriffenen Argument nicht aus, übergehen Sie es nicht, spielen Sie es nicht herunter und ziehen Sie es keinesfalls ins Lächerliche, sondern gehen Sie darauf ein. Und sei es nur, um ihm sachlich mitzuteilen, dass Sie (jetzt gerade) darüber nicht reden und/oder zuerst gründlich nachdenken wollen.
- Hören Sie Ihrem Partner aufmerksam zu, ohne zu unterbrechen, erwägen Sie seine Argumente sorgfältig und spüren Sie, was er Ihnen *wirklich* sagen will – auch wenn er es nicht sagt.
- Fügen Sie nach einer Kritik immer noch etwas Aufbauendes hinzu – ein Quäntchen an Positivem gibt es in allem und jedem. Ein Beispiel: «Ich finde es nicht schön, dass du mich in dieser Situation nicht unterstützt hast. *Du stehst doch sonst immer bedingungslos zu mir!*»

Zugegeben, Gespräche können unangenehm sein, falls man ein heikles Thema ansprechen muss, zuweilen frustrierend, wenn der Partner nicht darauf eingeht oder nicht zu einer sachlichen, respektvollen Kommunikation fähig oder willens ist. Und Mut braucht es manchmal auch. Doch wie eingangs gesagt, kommen wir nicht darum herum, soll unsere Beziehung glücklich sein.

Falls Sie zu den Menschen gehören, die nicht gern reden, ist es wichtig, dass Sie es lernen. Und ganz so schwer ist es nun auch wieder nicht, vor allem dann nicht, wenn Sie Ihren Partner lieben und Ihnen daran liegt, Ihre Beziehung zu verbessern. Gehen Sie Schritt für Schritt vor, beginnen Sie mit einfachen, kurzen Gesprächen und überfordern Sie sich nicht.

Nachfolgend gebe ich eine allgemeine Anleitung, im Bewusstsein, dass die Kommunikationsschwierigkeiten unterschiedlich sind und wahrscheinlich nicht alle Punkte auf Sie zutreffen; übernehmen Sie einfach diejenigen, die für Sie hilfreich sind, und vernachlässigen Sie, was Sie bereits können und praktizieren. Lassen Sie sich nicht davon abhalten, falls Ihr Partner nicht darauf reagiert oder nicht so, wie Sie es erwarten. Machen Sie unbeirrt weiter: Sie tun es in erster Linie für sich. Und nützt es in der gegenwärtigen Beziehung nichts (mehr), dann bestimmt in der nächsten.

• *Schritt 1*. Beginnen Sie damit, jeden Tag etwas von sich zu erzählen, das Sie *wenigstens ein bisschen bewegt*: über ein Ereignis bei der Arbeit, ein Erlebnis aus der Kindheit, das Ihnen in den Sinn gekommen ist, eine Beobachtung, die Sie gemacht haben, einen Zeitungsartikel, der Sie beeindruckt hat, eine Aussage eines Freundes, ...

Versuchen Sie dabei, jeweils auf die Antwort Ihres Partners einzugehen und das Gespräch fortzusetzen. Sie können Ihren Partner zudem direkt fragen, ob er einmal etwas Ähnliches erlebt hat, wie er darüber denkt, ...

Sobald Ihnen diese Form der täglichen Kommunikation zur Gewohnheit geworden ist – nach einer Woche, einem Monat oder längerer Zeit, das ist unwesentlich – gehen Sie zum nächsten Schritt über.

• *Schritt 2*. Nun erzählen Sie täglich auch von Begebenheiten, *die Ihnen näher gehen, Sie stärker bewegen*. Versuchen

Sie dabei ganz bewusst, Ihre Empfindungen und Gefühle zu schildern, etwa: «Das hat mich sehr berührt»; «Bei diesem Anblick habe ich Mitleid empfunden»; «Vor dem Arzttermin hatte ich Angst, eine schlimme Diagnose zu bekommen». Wiederum erlauben Sie dem Gespräch weiterzufließen und gehen auf die Antworten Ihres Partners ein. Sind Ihnen solche Gespräche zur Gewohnheit geworden, fahren Sie mit dem nächsten Schritt fort.

• *Schritt 3.* Falls Sie sich bewusst sind, warum es Ihnen früher schwerfiel, von sich und Ihren Gefühlen zu reden, ist jetzt der Moment gekommen, es Ihrem Partner zu erzählen.

• *Schritt 4.* Nun wird es Zeit, dass Sie ein Problem, eine Schwierigkeit in Ihrer Beziehung ansprechen, etwas, das Sie belastet oder Ihnen missfällt, vielleicht auch – im Sinne der Authentizität – eine «Beichte» ablegen oder einen geheimen Wunsch, den Sie lange gehegt, aber nie zu äußern gewagt haben, offenbaren. Etwas Unangenehmes also. Dafür brauchen Sie vielleicht ein bisschen Mut. Dazu machen Sie sich bewusst, dass

– es für Ihre Beziehung unumgänglich ist, solche Sachverhalte auszudiskutieren und zu lösen;

– Ihr Partner Sie liebt und Ihre Offenheit schätzen wird;

– selbst wenn Ihr Partner mit Kritik oder Tadel darauf reagieren sollte, es *für Sie selbst* wichtig ist, diesen Schritt zu machen, für Ihr Selbstwertgefühl und Ihre Selbstachtung.

Haben Sie es ein erstes Mal geschafft, etwas Unangenehmes anzusprechen, so nehmen Sie sich vor, es künftig immer sofort zu tun, sobald es sich als notwendig erweist.

Die obige Anleitung ist ebenfalls geeignet, sollte die Unfähigkeit oder der Widerwille zu kommunizieren nicht Sie, sondern Ihren Partner betreffen. In diesem Fall müssen Sie ihn zuerst liebevoll davon überzeugen, den beschriebenen Weg zu wagen, und ihn dann achtsam, geduldig begleiten.

Bestehen in Ihrer Partnerschaft Kommunikationsschwierigkeiten, welcher Art auch immer, können Sie ferner einen wöchentlichen Termin einplanen, an dem Sie an einem gemütlichen Ort zusammensitzen, bei einem guten Glas Wein, um bewusst eine Stunde lang miteinander zu reden, sei es über ein konkretes Problem, sei es, dass Sie gemeinsam je-

des Mal ein Thema bestimmen, etwa das schönste Ferien-
erlebnis, die Geschwister, Kindheitserinnerungen, ...
Es gibt viele Möglichkeiten und Wege, die Mitteilsamkeit
innerhalb einer Paarbeziehung anzuregen und zu fördern,
auch spielerische. Ein Vorschlag: Sie und Ihr Partner be-
schriften Kärtchen mit Stichwörtern (banalen wie *Garten*
oder *Hund* und anspruchsvolleren wie *Wohlbefinden* oder
Hoffnung). Daraufhin werden die Karten gemischt und ver-
deckt hingelegt. Jeder von Ihnen zieht abwechslungsweise
eine Karte und sagt etwas zum entsprechenden Stichwort;
es darf nur ein Wort im Sinn einer spontanen Assoziation
sein oder eine ganze Geschichte, die ihm dazu einfällt.
Lassen Sie Ihrer Kreativität freien Lauf, wie Sie in Ihrer
Partnerschaft die Gesprächskultur lebendig gestalten und
erhalten können!

B. Angst zu verletzen und verletzt zu werden
Die Hemmung, anderen Schmerz zuzufügen, ist eine der
wertvollsten und schönsten menschlichen Eigenschaften.
Aus diesem Grund halten wir manchmal mit unserer Meinung zurück, verheimlichen verletzende Einzelheiten oder
sprechen ein Thema erst gar nicht an. Einerseits tun wir
dem Partner aber keinen Gefallen, wenn er nicht weiß, wie
wir über ihn und seine Belange denken – das dürfte nach
meinen Erörterungen zur Authentizität klar sein. Andererseits ist diese vorgebliche Rücksichtnahme zuweilen nichts
als eine individuelle Scheu, Unsicherheit oder eine Ausrede
vor uns selbst. In Wahrheit
• fehlt uns schlicht der Mut und/oder
• wir fürchten uns vor einem Konflikt; und/oder
• wir ertragen es nicht, den Liebsten leiden zu sehen.
Also schweigen wir lieber. Nicht selten greifen wir auch
zu Lügen, die wir dann vor unserem Gewissen als Notlügen
bezeichnen. Die Frage, ob diese gerechtfertigt sein können,
lässt sich nicht allgemeingültig beantworten – das Leben ist
nicht so starr und gesetzmäßig, wie wir es gern hätten, es
gibt kein absolutes Richtig und kein absolutes Falsch. Ob
etwa ein einmaliger Seitensprung weit weg von zu Hause,
der bestimmt nie ans Licht kommen wird, gebeichtet werden soll oder nicht, muss jeder für sich selbst entscheiden.

Ein anderes Beispiel: Ein Bekannter von mir, der oft geschäftlich auf Reisen war, schickte seiner überängstlichen Frau jeweils ein SMS, er sei gut am Ziel angekommen, obwohl er noch im Stau steckte. Dadurch wollte er ihr ersparen, sich noch einige Stunden länger Sorgen zu machen. Weil er sie liebte, aus keinem anderen Grund.

Die Angst, selbst verletzt zu werden durch Aussagen oder das Verhalten des Partners, ist ebenfalls ein Grund, warum wir gewisse Dinge, obwohl sie uns eigentlich wichtig wären, nicht ansprechen. Wir wollen vermeiden, eine Reaktion zu provozieren, die uns wehtut. Zugegeben, das Verletzungsrisiko ist bei Beziehungsgesprächen vorhanden – vor allem aber deshalb, weil wir nicht gelernt haben, konstruktiv und respektvoll zu kommunizieren, nicht akzeptieren, dass der Partner anderer Meinung sein darf, zuweilen sachliche und gerechtfertigte Kritik schlecht ertragen und nicht im richtigen Moment die Diskussion beenden. Doch wir können es lernen; es lohnt sich – ich kann es nur noch einmal empfehlen –, entsprechende Kurse zu besuchen.

C. Wahrheit und Lüge
Die Grenze zwischen Wahrheit und Lüge lässt sich nicht exakt ziehen: Es gibt eine wahrheitsgetreue, nicht zu missverstehende Art, etwas mitzuteilen, und es gibt eindeutige Lügen mit der Absicht, die Wahrheit zu verheimlichen. Dazwischen liegen unzählige Graustufen. Dazu gehören:
• *Anspielungen*. Möchten wir etwas mitteilen, trauen uns aber nicht, äußern wir es verschlüsselt oder nur bruchstückhaft. Wir können danach jederzeit behaupten, es ganz anders gemeint zu haben.
• *Herausgerutschtes*. Reizt es uns, etwas loszuwerden, obwohl wir genau wissen, dass wir es für uns behalten sollten, beispielsweise weil es beleidigend oder verletzend ist und dem anderen nur schadet oder ihn belastet, so lassen wir es entschlüpfen. Daraufhin können wir es zwar nicht zurücknehmen, gesagt ist gesagt, uns jedoch gewissermaßen reinwaschen – und das ist die Lüge –, indem wir uns entschuldigen: «Sorry, es ist mir herausgerutscht» oder es scheinbar ungeschehen machen: «Vergiss, was ich gesagt habe».

- *Geschickte Formulierungen und Verschweigen.* Bei vielen Aussagen lässt sich durch die Wortwahl oder das Auslassen von Fakten eine richtige Lüge vermeiden. Solche Teilwahrheiten finden wir gern in der Politik und bei Interessenvertretern. Als Beispiel die Aussage eines Tierschützers gegen eine Windkraftanlage: «Durch Windräder sterben allein in Deutschland jedes Jahr 100 000 Vögel.» Stimmt. Was verschwiegen wird und die Aussage stark relativieren würde: Weit über 100 Millionen Vögel sterben im Straßenverkehr, wegen Hauskatzen und an Glasscheiben.
- *Humor, Ironie.* Eine weitere Methode, etwas nicht klar zu sagen, besteht darin, es scherzhaft oder ironisch zu äußern. Den Gesprächspartner versetzen wir damit in eine schwierige Lage: Er weiß nicht, ob er es ernst nehmen soll oder nicht. Und wir können uns jederzeit herausreden mit einem «Es war nur Spaß!» oder «Es war doch ironisch gemeint!» Das ist eine unfaire Art der Kommunikation. Selbstverständlich lässt sich eine harte Aussage durch Humor entschärfen, was durchaus zu begrüßen ist. Solange über deren Inhalt keine Zweifel oder Missverständnisse aufkommen können und nichts ins Lächerliche gezogen wird.
- *Nonverbale Schwindelei.* Wir versuchen einen falschen Eindruck zu erwecken, beispielsweise wenn wir beim Vorbeigehen an einem Straßencafé den Bauch einziehen oder im Fitnesscenter das Gewicht beim Verlassen der Maschine noch schnell erhöhen.

Es geht mir nicht darum, ob es sich dabei um echte Lügen handelt und wie verwerflich diese Formen generell sind, sondern darum, dass sie einer Beziehung, die auf reiner Liebe beruhen soll, unwürdig sind. Wollen wir über etwas nicht sprechen, so haben wir das Recht zu schweigen, was der Partner respektieren muss. Beherzigen Sie also die Weisheit: Wir brauchen nicht alles zu sagen, was wahr ist; aber alles, was wir sagen, muss wahr sein. In diesem Zusammenhang noch ein Denkanstoß: Fühlen Sie sich nicht verletzt oder erniedrigt, wenn Sie angelogen werden, selbst aus «edlen» Motiven? Wahrscheinlich schon. Gehen Sie folglich davon aus, dass Ihr Partner ebenfalls lieber die Wahrheit hören will, auch wenn sie etwas schmerzt.

D. Stille Erwartungen und Spekulationen

Wie die allermeisten Menschen besitzen wir keine hellseherischen Fähigkeiten und wir sind uns dessen wohl bewusst. Paradoxerweise erwarten wir aber zuweilen, der Partner müsse ahnen, erraten, schlicht wissen, was wir uns wünschen oder was wir nicht möchten. Dabei gehen wir von einer irrigen Annahme aus, nämlich dass er in einer gleichen oder einer ähnlichen Situation gleich denkt, versteht, urteilt, fühlt und handelt wie wir. Doch andere Menschen weisen nicht die gleichen unbewussten Inhalte auf wie wir, sie gründen auf einer völlig unterschiedlichen Vergangenheit und anderen prägenden Erfahrungen. Deshalb denken, verstehen, urteilen, fühlen und handeln sie nicht wie wir. Werfen wir es ihnen vor, so tun wir ihnen Unrecht.

Stille Erwartungen sind für eine Beziehung giftiger als ausgesprochene Forderungen (obwohl auch diese natürlich unterbleiben sollten). Zu oft verursachen sie Enttäuschung, Frustration, Schmerz. Eine unmissverständliche Kommunikation ist der einzige Weg, sie zu vermeiden. Hören wir also auf – im eigenen Interesse – zu hoffen, der Partner erfülle unsere Wünsche, die er nicht kennt. Teilen wir sie ihm lieber unmissverständlich mit. Wir können sogar noch weiter gehen: Wenn wir schon wissen, dass er dazu neigt, unseren Geburtstag oder andere Jubiläen zu vergessen, brauchen wir doch nicht darauf zu warten, dass es wiederum passiert, und es ihm dann vorwerfen und selber darunter leiden! Erinnern wir ihn einfach rechtzeitig daran. Dabei ist auch ein bisschen List erlaubt, wollen wir nicht gerade damit herausplatzen. Etwa so: «Morgen muss ich meinem Chef noch klarmachen, dass er am Donnerstag keine Überstunden von mir erwarten darf. Diesen ganz besonderen Abend will ich entspannt mit dir verbringen!» Oder wir schenken dem Partner drei Tage vor dem Hochzeitstag eine Kleinigkeit, und sei es nur seine Lieblingsschokolade, mit einem Kärtchen: «Zum 11. Hochzeitstag minus 3 Tage».

Mit der Problematik «nicht explizit miteinander kommunizieren» verwandt sind unsere Spekulationen über Verhaltensweisen und Handlungen, Gedanken und Gefühle des Partners, ohne sie zu kennen. Ist er einmal wortkarg, gehen wir davon aus, wir hätten etwas falsch gemacht, er habe am Arbeitsplatz Ärger, vom Arzt eine tödliche Diagnose bekommen, sich in einen anderen verliebt, ... Vielleicht fragen wir dann sogar, was mit ihm los sei. Weil wir aber «Nichts» oder «Ich bin nur müde» nicht glauben und diese Antworten uns nicht beschwichtigen, fahren wir mit unseren Vermutungen fort, ziehen weitere hinzu und nach der für uns plausibelsten richten wir uns schließlich. Oder wir sehen den Partner zufälligerweise an einem Ort, an dem er zu dieser Tageszeit nicht sein dürfte. Erzählt er uns am Abend nicht spontan davon, nehmen wir gleich an, er habe Geheimnisse vor uns, gar eine Affäre. Anstatt ihn einfach danach zu fragen.

Diese zwei alltäglichen Situationen sind nur Beispiele für tausende: Ständig nehmen wir Unbestätigtes an und bauen darauf unsere Gedanken, Gefühle, Aktionen und Reaktionen auf. Wie oft stellt sich später heraus, dass wir einer Fehldeutung erlegen waren! Nicht umsonst ist das Missverständnis *das* Spannung erzeugende Element in billigen Liebesromanen und -filmen. Uns etwas zusammenreimen ist wie Luftschlösser bauen: Wir gestalten sie geräumig und hoch, verzieren sie mit prächtigen oder schaurigen Vorstellungen – am Ende platzt die vermeintlich tragende Substanz wie eine Seifenblase, alles bröckelt ab und zerfällt.

Lernen wir also, nur auf das solide Fundament unseres Wissens zu bauen, auf das, was der Liebste uns explizit mitteilt. Sprechen wir die Dinge direkt und offen an. Will er nicht reden, so akzeptieren wir es und versagen uns jegliche Hirngespinste. Kommen wir nicht umhin, mehrdeutige Situationen unverzüglich beurteilen zu müssen, so sollten wir immer die wohlmeinendste, harmloseste Interpretation wählen und im Zweifelsfall stets zugunsten des Partners.

2. ...und Schweigen ist oft Gold

Wie gesagt, jeder hat das Recht, nicht reden zu wollen, und der andere *muss* es respektieren. Wir dürfen den Partner nie bedrängen, nicht einmal, falls er bereits etwas angedeutet hat. Ihn *ein Mal* liebevoll ermuntern, sich uns anzuvertrauen, ist erlaubt, aber nicht mehr. Zugegeben, es ist hart, nicht zu wissen, was den Liebsten beschäftigt, aber das müssen wir aushalten.

Es braucht generell nicht immer alles angesprochen und ausdiskutiert zu werden. Männern scheint es weniger wichtig zu sein, Frauen ist es ein größeres Bedürfnis, was absolut kein Makel ist. Ihr Verlangen, zu klären und Gewissheit zu bekommen, beruht auf ihrer guten Eigenschaft zu umsorgen – und ihrer Eigenart, sich zu sorgen. Deshalb belasten sie ungelöste Situationen. Ich weiß, wovon ich rede, denn ich selbst kann mit Unsicherheit schlecht umgehen; ein Konflikt, eine bittere Wahrheit ist mir allemal willkommener, ganz nach dem Motto «Lieber ein Ende mit Schrecken als ein Schrecken ohne Ende». Für eine harmonische Beziehung sollten wir Frauen jedoch lernen, dass in vielen Situationen Schweigen wichtiger sein kann, als darüber zu reden. Ohne allerdings Wut, Schmerz, Frustration, Enttäuschung in uns hineinzufressen, was kontraproduktiv wäre, da sie uns entweder krank machen oder irgendwann mit aller Macht hervorbrechen und zu einer explosiven Reaktion führen.

Wie lösen wir dieses Dilemma? Die Antwort habe ich im Grunde genommen schon in Kapitel V gegeben: Indem wir unterscheiden, was *wirklich* wichtig ist und was nicht, genau hinschauen, ob etwas vital oder banal ist. Scharf und gezielt ausgedrückt: Indem wir aufhören, uns allzu wichtig zu nehmen. Das größte Hindernis liegt dabei oft am Mangel an Selbstwertgefühl. Wir beziehen alles auf uns selbst und nehmen es persönlich, als Entwertung oder Angriff, weshalb wir meinen, uns aufwerten oder kämpfen zu müssen. Unsere Waffe ist das (endlose) Gespräch. Nachfolgend zwei Beispiele, wie Selbstzweifel als Symptom einer schwachen Selbstliebe dazu führen können.

• Der Partner geht öfter einmal mit Kollegen auf ein Bier und kommt spät nach Hause. Wir empfinden, bewusst oder unbewusst, er verbringe seine Zeit lieber mit anderen als mit uns – weil er uns nicht liebt, wir ihm zu langweilig sind, zu wenig attraktiv, ... Wir beziehen sein Verhalten also auf uns selbst und es tut weh. Deshalb reden wir mit ihm darüber, vielleicht sogar vorwurfsvoll, und versuchen, ihn davon abzuhalten. In Wirklichkeit hat es aber nichts mit uns zu tun: Nach einem harten Tag braucht er einfach etwas unbeschwerte Ablenkung. Umso mehr, wenn er befürchten muss, dass wir ihn, kaum zu Hause von der Arbeit, mit Anliegen, Problemen, Beziehungsgesprächen überfallen. So entsteht schnell einmal ein Teufelskreis: Er kommt spät nach Hause – Ich will mit ihm darüber reden – Das nächste Mal hat er schon Angst davor und zögert die Heimkehr erst recht hinaus – Ich mache ihm Vorwürfe – und so weiter. Wären wir nicht in unserem Selbstwert verletzt, würden wir ihm das Bier mit Kollegen gönnen und den eigenen freien Abend genießen. Selbst wenn wir ihn dann vermissen und gern mit ihm zusammen wären oder uns langweilen, sollten wir das nicht erwähnen, kaum ist er wieder daheim, sondern ihn liebevoll fragen, ob er Spaß gehabt hat, und seinem Bericht interessiert lauschen.

• Der Partner belügt uns, in einer nicht allzu wichtigen Angelegenheit. Er sagt beispielsweise, er habe etwas erledigt, während er es in Wirklichkeit vergessen hat. Wir finden es heraus, worauf wir ihn zur Rede stellen. Er entschuldigt sich aufrichtig, bringt vielleicht sogar eine Erklärung oder Rechtfertigung vor. Dabei könnten wir es bewenden lassen, einen Strich darunter ziehen. Doch wir geben keine Ruhe, denn wir fühlen uns gekränkt, fragen uns, wie oft er uns wohl schon angelogen hat, ohne dass wir es gemerkt haben, warum er uns überhaupt belügt. Hält er uns für blöd oder naiv? Sind wir es nicht wert, dass er die Wahrheit sagt? Wir nehmen seine Lüge persönlich. In Wirklichkeit war er einfach feige und wollte Diskussionen oder einem Konflikt aus dem Weg gehen, die Lüge war schlicht die bequemere Lösung. Es ist ihm überhaupt nicht durch den Kopf gegangen, dass wir blöd oder naiv sind oder nicht wertvoll genug!

In diesem Zusammenhang stellt sich die Frage, ob wir den Partner *überhaupt* auf seine Lüge ansprechen müssen, nachdem wir sie entdeckt haben. Wir wissen doch, warum er gelogen hat: aus Angst, vor uns! Wozu soll es dann noch gut sein, ihn bloßzustellen, zu tadeln, ihm ein schlechtes Gewissen zu machen? Wieso können wir nicht mit einem inneren Lächeln darüber hinwegsehen? Weil wir ihm zeigen wollen, dass wir nicht gutgläubig sind, er uns nicht für dumm verkaufen, mit uns nicht machen kann, was er will. Verfügten wir über genügend Selbstwertgefühl, so hätten wir ein solches Verhalten nicht nötig. Wir würden uns im Stillen damit zufrieden geben, seine Schwindelei bemerkt zu haben, und müssten ihm unsere Überlegenheit nicht unter die Nase reiben. Im Gegenteil. Wir würden ihm in geschickter Weise zu verstehen geben, dass es nicht schlimm ist, wenn er einmal etwas vergisst. Durch unsere Toleranz und unser Entgegenkommen erfährt er, wie unnötig Lügen sind, und wird sie künftig unterlassen.

Es gibt in einer Paarbeziehung unzählige Situationen, in denen wir – und wenn ich jetzt schreibe «wir», meine ich ausdrücklich Frauen *und* Männer – einfach großzügig still sein sollten, anstatt Verfehlungen des Liebsten zur Sprache zu bringen, geschweige denn eine lange Diskussion daraus zu entwickeln. Und nicht nur bei bereits erfolgten Verfehlungen. Auch die wiederholte Fragerei «Hast du es schon erledigt?» oder das vorwurfsvolle «Ich habe dir doch gesagt, du sollst...», ebenso wie «Das war nicht gut, du hättest...» sind unnötige Störungen der Harmonie. Meistens geht es doch nicht um existentielle Angelegenheiten! Lernen wir, alles lockerer zu sehen und zu nehmen. Und Aufgaben öfter einmal ohne Aufheben selber zu übernehmen, wenn der Partner sich für unser Empfinden damit zu lange Zeit lässt oder unserem Perfektionsstandard nicht genügt.

→ Die «Einheit» behandle ich in Kapitel XIV, Seite 168 ff. Selbstverständlich ohne heimlichen Groll. →Wir sind doch eins! Was du tust, tun wir beide, was ich tue, tun wir beide, es ist völlig unwichtig, wer tatsächlich handelt.

Schweigen ist immer die bessere Alternative zu Nörgelei, Besserwisserei, Kontrolliererei, Vorschreiberei und ähnlichen «Eiereien», vorwiegend weibliche Eigenschaften, aber nicht nur. Anstatt des Langen und Breiten darüber zu theoretisieren, erzähle ich einige Anekdoten, die ich in meinem Umfeld, bei Bekannten und Unbekannten, miterlebt habe – Sie können sich darin selbst erkennen oder nicht.

• Sie ist übers Wochenende weggefahren, er will ihr eine Freude machen und putzt die Fenster im Wohnzimmer. Sie kommt zurück, er erzählt es ihr freudestrahlend. Sie: «Hast du denn auch den richtigen Scheibenreiniger verwendet?»

• Im Frühstücksraum des Hotels. Sie ist noch dabei, ihren Teller am Büffet zu füllen, während er vollbeladen mit Brot-

körbchen, zwei Gläsern Saft, Kaffeekanne auf einen Tisch zusteuert. Sie ruft durch den ganzen Saal: «Nein, nicht dieser Tisch! Der dort drüben ist doch viel netter!»
• Auf einer Wanderung. Er bleibt stehen und will ein Foto der herrlichen Aussicht knipsen. Sie: «Achte darauf, dass der hässliche Strommast nicht auf dem Bild ist.»
• Auf einer anderen Wanderung. Sie will ein Foto der herrlichen Aussicht knipsen, nimmt den Objektivdeckel ab und steckt ihn in die Hosentasche. Er: «Gib mir den Deckel, du vergisst sonst, ihn nachher wieder aufs Objektiv zu tun.»
• Ein Ehepaar im Zug. Er greift zuerst in die eine Hosentasche, danach in die andere. Sie: «Was suchst du?»
• Im Restaurant, zwei Ehepaare X und Y beim Essen. Frau X erzählt von einer Reise: «... und dann haben wir in einem kleinen Geschäft in einer versteckten Gasse die gleiche Statuette entdeckt, die uns vorher im großen Souvenirladen so gut gefallen hatte, uns aber mit 70 Euro zu teuer war. Und hier kostete sie nur 55 Euro!» Er: «Im Souvenirladen kostete sie sogar 72 Euro.»

Schweigen ist Gold! In all diesen Fällen ist Reden nicht einmal Silber, sondern Mist. Nicht nur unnütz, sondern nervig. Wie schon gesagt: Nehmen wir alles ein bisschen lockerer, nicht immer so todernst. Selbst wenn es uns nicht egal ist, an welchem Tisch wir beim Frühstück sitzen, so ist es keinesfalls gerechtfertigt, darüber auch nur ein Wort zu verlieren, hat der Partner bereits einen anderen Tisch als unseren bevorzugten gewählt. Und der Fotoapparat wird sich nicht beklagen, muss er eine Zeitlang ohne Objektivdeckel auskommen. Lassen wir doch einfach fünf gerade sein, im Alltag ist das Allermeiste nicht so wichtig. Nehmen wir uns zwei goldige Schweigeregeln vor:
• *Wir sagen nichts, was der Partner schon weiß, ihm nichts nützt oder schlicht banal ist.* Ein Beispiel: «Du hättest anrufen können, dass du später kommst!» Er weiß doch, dass er hätte anrufen sollen. Er hat es nicht getan, warum auch immer, vielleicht aus guten Gründen, vielleicht aus Nachlässigkeit. So oder so ist es sinnlos, ihn zu ermahnen. Ein anderes Beispiel: «Pass beim Blumengießen auf, kein Wasser auf den Parkettboden zu verschütten.» Als wüsste er

nicht, dass er aufpassen muss! Passiert ihm ein Missgeschick, dann bestimmt nicht, weil er nicht vorsichtig war, vielmehr gerade deshalb, weil wir ihn eingeschüchtert haben. Passiert es ihm nicht, dann ganz gewiss nicht wegen unserer Warnung. Das Gleiche gilt für Aussagen im Stil von «Trink nicht so viel!» und «Sei bitte pünktlich!».

- *Wir halten mit Vorwürfen und Tadel generell zurück.* Bei allen Situationen, in denen der Partner sich einer Verfehlung bewusst ist oder sein könnte, werfen wir sie ihm nicht vor und schweigen darüber. Insbesondere reden wir nicht über unsere stillen Erwartungen/Wünsche, die er nicht erfüllt hat («Du hast meinen Geburtstag vergessen»), und geben ihm auch nicht durch unser Verhalten zu verstehen, dass wir enttäuscht sind.

Müssen wir unbedingt einmal etwas sagen, wie wäre es mit etwas Diplomatie? Wir könnten es auch List nennen. Wir sind doch alle schlau – nein: weise! – genug, eine Aussage so zu verpacken, dass sie nicht als Nörgelei & Co. herüberkommt, sie beispielsweise auf uns selbst beziehen und nicht auf den Partner. Anstatt ihm vorzuwerfen, nicht angerufen zu haben, sagen wir bei seiner Ankunft, wohlgemerkt in liebevollem, nicht in sarkastischem Ton: «Ich freue mich, dass du zurück bist! Ich hatte mir schon Sorgen gemacht, dass du in einem Stau steckst und dich ärgerst, weil du zu spät kommst!» Das nächste Mal wird er anrufen, um uns die Sorge zu ersparen.

Anstelle der Frage: «Hast du daran gedacht, das Kleid aus der Reinigung zu holen?», sagen wir: «Oh je, ich habe vergessen, das Kleid aus der Reinigung zu holen!» Was kann er dann anderes antworten als: «Das wollte eigentlich ich tun, es tut mir leid, ich habe es vergessen, ich mache es gleich», oder: «Das habe doch ich bereits erledigt.»

Verschüttet er Wasser auf den teuren Parkett, so wischen wir es gleich selbst auf und erklären: «Es ist bei den vielen Blättern wirklich nicht einfach zu sehen, wo man am besten hineingießt; es gibt eigentlich nur eine Lücke, schau hier.» Beim nächsten Mal weiß er es und macht es richtig.

Ein bisschen Verständnis, Entgegenkommen, Toleranz, Diplomatie – und der Frieden ist gewahrt.

Das goldene Schweigen ist noch in einem weiteren Fall das einzig Richtige. Einmal hatte mein Liebster schon eine ganze Weile ein persönliches Problem mit sich herumgetragen, jedoch nie mit mir darüber gesprochen. Als wir es dann in einem anderen Zusammenhang streiften, fragte ich ihn erstaunt, warum er sich mir nicht längst anvertraut habe. «Weil du nichts zur Lösung beitragen konntest und ich sah, dass ich es selbst schaffen würde», antwortete er. «Warum hätte ich es also dir aufbürden sollen?» Dazu erzählte er mir das folgende schöne Gleichnis:

«Stell dir unseren gemeinsamen Lebensweg vor, als wären wir zusammen in einem Kanu auf einem Wildbach. Ich paddle auf der linken Seite, du auf der rechten. Ich passe auf meiner Seite auf, dass wir auf Kurs bleiben, nicht gegen Felsen prallen oder in Stromschnellen geraten, du tust es auf deiner Seite. Solange ich mit den Herausforderungen auf meiner Seite allein fertig werde oder du mir ohnehin nicht helfen könntest, ist es unnötig, dass ich dir davon erzähle, dich damit belaste und bloß davon ablenke, deine Aufgaben auf deiner Seite wahrzunehmen und gut zu bewältigen. Sehe ich jedoch, dass ich eine schwierige Situation nicht allein meistern kann, dann teile ich es dir mit und bitte dich um deine Hilfe.»

Das berührte mich seinerzeit sehr, denn es sprach für seiner große Liebe zu mir. Wahrhaftig zu lieben heißt auch, Schwierigkeiten, Kummer, Schmerz und Sorgen nicht beim Partner abzuladen, wenn er uns ohnehin nichts abnehmen kann. Denn geteiltes Leid ist nicht halbes Leid, wie uns das Sprichwort glauben machen will, sondern doppeltes Leid. Anstatt dass nur einer still leidet, leiden nach dem Teilen beide.

Um dem Bedürfnis, andere mit hineinzuziehen, zu entgehen, ist einmal mehr die gesunde Selbstliebe unerlässlich. Fühlen wir uns in uns selbst geborgen, suchen wir nicht Anteilnahme und Mitleid. Auch stellen wir uns nicht als Opfer dar, damit wir Zuwendung bekommen.

XIV. E wie Einheit

Mit diesem letzten Element der SAKE-Formel komme ich nun wieder auf das Wesentliche, das in der allerersten Zeile des ersten Kapitels steht: *In der Liebe gibt es keine zwei, du und ich sind eins.* Und damit schließt sich der Kreis dieses Buches.

Zur Erinnerung: Jeder Mensch strebt sein Glück an, das liegt in seiner Natur. Normalerweise braucht er dazu auch einen Partner an seiner Seite. Im besten Fall achten beide (fast) die gleichen Werte, verfolgen (fast) die gleichen Ziele und sind nur in geringem Maß egoistisch und/oder weise genug, bei einem Interessenkonflikt etwas zurückzustehen zugunsten des Liebsten. Dafür erwarten sie, dass der Partner sich in einer analogen Situation revanchiert. Ein solcher Deal funktioniert in einer Liebesbeziehung, die von Natur aus emotional ist, selbst unter den erwähnten optimalen Verhältnissen (gleiche Werte und Ziele, wenig Egoismus, weise Persönlichkeiten) nur mehr schlecht als recht.

Das ist nichts als logisch, empfinden sich die beiden Partner als Individuen: Müssen sie sich für das eigene oder das fremde Glück entscheiden, werden sie in den meisten Fällen und immer dann, wenn ihnen etwas wichtig erscheint, das eigene wählen. So muss es sein, das fordert der Selbsterhaltungstrieb oder Überlebensinstinkt.

Für uns Normalsterbliche ist es keine einfache Aufgabe, stets das Glück des anderen zu wollen, sogar auf Kosten des eigenen. Solange wir ihn als *anderen* betrachten. Die Lösung: ihn als Teil von uns empfinden. Oder uns selbst als Teil von ihm. Oder schlicht mit ihm zu einem einzigen verschmelzen. Dann stellt sich die Frage nach *meinem oder deinem* Glück nicht mehr. Wir machen ja auch keinen Unterschied, ob es unsere rechte oder unsere linke Hand ist, die eine Praline hält und zum Mund führt. Und unserem kleinen Finger käme es nie in den Sinn, dem Ringfinger sein Schmuckstück zu neiden. Ebenso wenig handeln unsere Haare einen Deal aus, wenn wir sie wegen der Kälte mit einer Wollmütze bedecken und platt drücken: «Gut, lieber

Kopf, heute akzeptieren wir die Mütze, damit du nicht frieren musst, dafür bekommen wir morgen aber eine kunstvolle Hochsteckfrisur.»

Denken wir an Platons Geschichte der Kugelmenschen: Die Einheit mit der fehlenden Hälfte ist es, was wir unser Leben lang suchen. Erlangen wir diese Wiedervereinigung nicht, das Verschmelzen der Zweiheit zur Einheit, wird die Sehnsucht nicht gestillt und wir werden weiter suchen und weiter suchen und die Erfüllung dennoch nie finden.

Die Vereinigung in →reiner, wahrer Liebe kennt keine individuellen Wünsche mehr, Deals sind nicht länger möglich, die Empfindung von «geben und nicht genug dafür bekommen» ist ausgeschlossen – es gibt kein *Ich* und *Du* mehr, es gibt nur noch *Eines*. *Wahre Liebe ist die Einheit mit einem anderen Wesen.*

→ Siehe «Wie ich dich lieben will», Seite 174.

Ein hehres, zu hoch gestecktes, vom Menschen nie zu erreichendes Ziel? Vielleicht. Bestimmt. Doch uns auf den Weg dahin machen, das schaffen wir, und jeder Schritt vorwärts ist ein Schritt zu ein bisschen mehr Einheit, zu viel mehr Glück. Für uns selbst und den Liebsten.

Wie wir gesehen haben, liegen die Hindernisse zur Verwirklichung einer wahren Liebesbeziehung im Ego. Denn das Ego *trennt* das Ich vom Du, es *unterscheidet* zwischen Mein und Dein, es *bewertet* Nehmen und Geben. Es stellt Bedingungen und Forderungen, hat Erwartungen. Um die Einheit mit dem Liebsten zu erlangen ist es also unerlässlich, das Ego (weitgehend) zu überwinden, wozu ich in den vorangehenden Kapiteln viele Hinweise gegeben habe. Vor allem müssen wir die Unterscheidung und Bewertung aufheben. Der Gleichmut ist der Schlüssel. Deshalb bitte ich Sie, die Abschnitte 1 und 4 von Kapitel V über die Wünsche und das Drama des Lebens jetzt nochmals vollständig zu lesen und sich insbesondere die Anleitung zum Üben des Gleichmuts (Seiten 76-78) einzuprägen.

Darüber hinaus stelle ich Ihnen am Ende dieses Kapitels eine →Imagination vor, die Sie immer wieder einmal machen können, um die Einheit mit dem Liebsten zu *erfahren*. Praktizieren Sie diese zuerst nur in «Friedenszeiten», das heißt, wenn in Ihrer Beziehung gerade alles in Ordnung ist, um Ihre Liebe in Richtung Einheit zu vertiefen und die Ima-

→ Siehe «Imagination für die Einheit der Liebenden», Seite 172 f.

gination einzuüben. Später sollten Sie sie dann vor allem bei Krisen zwischen Ihnen und dem Liebsten anwenden, schon nur falls Sie sich unzufrieden oder unglücklich fühlen. In diesen Situationen, in denen Sie einen Bruch, also alles andere als Einheit spüren, braucht es etwas Überwindung, um sich der Imagination hinzugeben. Doch gerade dann ist sie besonders wertvoll und hilfreich. Sie werden sich danach besser fühlen.

* * *

Die SAKE-Formel garantiert nicht eine lebenslange, unzerstörbare Partnerschaft, das kann niemand und nichts. Doch sie bildet das Fundament für eine harmonische, glückliche Liebesbeziehung während der Zeitspanne, in der Sie mit Ihrem Liebsten zusammen sind. Nur darauf kommt es an.

Affirmationen für wahre Liebe

Bitte beachten Sie die Anleitung für Affirmationen auf Seite 82.

- Ich liebe selbstlos, bedingungslos und vorbehaltlos.

- Mein Liebster und ich sind eins.

- Ich öffne mein Herz der reinen Liebe.

- Ich nehme meinen Liebsten an, wie er ist.

- Ich sehe in meinem Liebsten das Beste und Höchste.

- Ich behandle meinen Liebsten mit Respekt.

- Ich lasse meinen Liebsten frei.

Imagination für die Einheit der Liebenden

Die Imaginationstechnik wurde von C.G. Jung in die Psychotherapie eingeführt und ist heute Bestandteil verschiedener, meist tiefenpsychologischer Therapieformen. Imaginationen, wozu beispielsweise das autogene Training gehört, stellen eine Verbindung zwischen Bewusstsein und Unbewusstem her.

Indem wir uns Bilder zuerst ganz bewusst vorstellen, eine eigentliche Geschichte mittels unserer Vorstellungskraft beginnen und ihr dann in einer meditativen Ruhe freien Lauf lassen, tauchen mehr und mehr Bilder und Emotionen auf. Sie helfen uns, neue Erkenntnisse zu gewinnen, Blockaden zu lösen und angestrebte Selbstveränderungen positiv zu erfahren und zu fördern.

Um die Imagination durchzuführen, gehen Sie wie folgt vor:

• Lesen Sie die Anleitung zur Imagination auf der nächsten Seite zuerst ganz durch und prägen Sie sich den Grundablauf und die wesentlichen Punkte ein.

• Wenn Sie mit der Imagination beginnen, setzen Sie sich bequem hin und schließen die Augen. Versetzen Sie sich gedanklich, vor allem aber bildhaft, vor Ihrem geistigen Auge in die Situation der Imagination. Daraufhin folgen Sie den Bildern, die aus Ihrem Innern aufsteigen; blocken Sie diese nicht ab, beobachten und erleben Sie …

• Lassen Sie sich ruhig vom Ablauf Ihrer eigenen Geschichte leiten, generell und besonders dann, wenn Sie sich nicht mehr an alle Einzelheiten erinnern, die Sie sich vorher eingeprägt haben.

• Beginnen die Bilder zu verblassen oder nehmen fremde Gedanken überhand, kommen Sie in die Realität und Gegenwart zurück. Lassen Sie sich dabei Zeit, spüren Sie mit offenen oder geschlossenen Augen nach. Achten Sie darauf, Ihren Körper wieder zu empfinden, nehmen Sie bewusst Beine und Arme wahr, den Kontakt mit der Unterlage und bewegen Sie Ihre Glieder sanft, bevor Sie aufstehen.

• Sie können die Imagination so oft durchführen, wie Sie möchten und spüren, dass sie Ihnen guttut, täglich, wöchentlich; auf jeden Fall sollten Sie es mehr als ein Mal versuchen, falls die erste Übung Sie nicht restlos befriedigt. Sie werden die Erfahrung machen, dass die Imagination jedes Mal anders ist, je nach Ihrer Stimmung und den Ereignissen des Tages.

• Es ist natürlich bereichernd, wenn Ihr Partner die gleiche Imagination ebenfalls durchführt. Ich empfehle Ihnen, sie das erste Mal unabhängig voneinander zu machen. Danach können Sie beide es auch zusammen tun, indem Sie sich tatsächlich in einem Raum gegenübersitzen, dennoch jeder für sich im Stillen. Ist der eine damit fertig und hat die Augen wieder geöffnet, wartet er geduldig, bis der andere ebenfalls so weit ist, oder vertieft sich selbst erneut darin.

Imaginationsablauf

- Ich befinde mich an einem vertrauten Ort, es kann eine Blumenwiese sein, ein Saal in einem schönen Gebäude, eine Kapelle, ein Berggipfel, ...; ich stelle mir den Ort bildlich vor und spüre mich darin. Hier fühle ich mich sicher und geborgen, ich empfinde Ruhe um mich und in mir.
- Ich lasse mich in mich selbst fallen, richte meine Aufmerksamkeit nach innen, in den Bereich hinter dem Herzen, in der Mitte der Brust. Hier ist ein weißer, strahlender Lichtpunkt, es ist die Liebe, ich fühle die wohltuende Energie.
- Langsam weitet sich der Lichtpunkt, er wird größer und größer, bis er meinen ganzen Körper mit dem strahlenden Licht der Liebe erfüllt. Es ist meine Liebe zu mir, ich fühle mich darin geborgen.
- Das strahlende Licht der Liebe breitet sich weiter aus und bildet eine Aura um meinen Körper, ich fühle mich in dieser Liebe sicher und beschützt.
- Jetzt sehe ich meinen Liebsten, er sitzt mir gegenüber, ganz nahe. Um ihn ist die gleiche Aura des weißen, strahlenden Lichts der Liebe wie um mich. Wir reichen uns die Hände.
- Das strahlende Licht der Liebe breitet sich von meiner Aura weiter aus, durchströmt und umhüllt meinen Liebsten, während zugleich sein Licht sich zu mir ausbreitet, mich durchströmt und umhüllt. Die beiden Auren verschmelzen, es gibt nur noch ein einziges großes Licht um und in uns.
- Wir halten uns immer noch an den Händen und sind eingehüllt und durchströmt vom weißen, strahlenden Licht der Liebe. Wir fühlen uns eins in der Liebe.
- Jetzt verschmelzen unsere Hände, sie werden eins, unsere Körper nähern sich einander, bis es keinen Raum mehr dazwischen gibt, sie verschmelzen. Ich fühle keine Trennung, es gibt keine zwei mehr, wir sind eins, und immer noch im weißen, strahlenden Licht der Liebe.
- Ich *bin* Liebe, fühle mich wohl und geborgen.
- So verweile ich, bis die Erfahrung sich aufzulösen beginnt. Dann atme ich tief in den Bauch, öffne die Augen, verharre noch eine Weile regungslos, schaue um mich, spüre meinen Körper und bewege mich langsam.
- In wachem Bewusstsein empfinde ich weiterhin die Einheit mit dem Liebsten, die tiefe Liebe, das Glück.

Wie ich dich lieben will

Ich will

dich lieben, ohne dich einzuengen,

zu dir kommen, ohne mich dir aufzudrängen,

dich wertschätzen, ohne dich zu bewerten,

dich ernst nehmen, ohne dich auf etwas festzulegen,

dich einladen, ohne Forderungen an dich zu stellen,

dir etwas schenken, ohne Erwartungen daran zu knüpfen,

*dir meine Gefühle mitteilen, ohne dich für sie verantwortlich
zu machen,*

dich informieren, ohne dich zu belehren,

dir helfen, ohne mich einzumischen,

mich um dich kümmern, ohne dich verändern zu wollen,

von dir Abschied nehmen, ohne Wesentliches versäumt zu haben,

mich an dir freuen, so wie du bist.

Der Verfasser dieses Textes ist mir leider nicht bekannt; ich habe ihn vor vielen Jahren von einem lieben Freund bekommen.

Schlusswort

An einem meiner Seminare über Paarbeziehungen nahm einmal eine Frau teil, deren Partnerschaft sechs Monate zuvor zerbrochen war, ihr Partner hatte sie verlassen. Sie litt immer noch unter der Trennung und zweifelte an sich selbst, da bereits ihre vorherige Beziehung nach wenigen Jahren in der gleichen Weise geendet hatte. Als ich erläuterte, wir sollten in einer Liebesbeziehung nur geben, ohne etwas dafür zu fordern, widersprach sie heftig und argumentierte, das gelte doch ebenfalls für den Partner. Also dürfe sie sehr wohl etwas erwarten, und wenn sie bereit sei, ihm einen Wunsch zu erfüllen, müsse er doch das Gleiche tun. Ich stimmte ihr zu, dass selbstverständlich *beide* bedingungslos lieben sollten, und erklärte ihr nochmals, warum aber gerade dieses *Deal-Denkmuster* eben nicht weiterführt. Doch was ich auch sagte, sie konnte oder wollte es nicht verstehen und beharrte auf ihrem Standpunkt. Als ich merkte, dass die Diskussion ausuferte und die anderen Teilnehmer, die den springenden Punkt längst erfasst hatten, zu langweilen begann, beendete ich sie mit diesen Worten: «Bitte gib dem Seminar eine Chance und hör dir an, was noch folgt, vielleicht wird mein Konzept für dich dann verständlicher. Schließlich bist du hierher gekommen, weil deine bisherigen Beziehungen nach deinem Modell offenbar nicht funktioniert haben und du Antworten und Lösungen von mir erwartest. Meine Aufgabe ist es, dir einen neuen Weg aufzuzeigen; vielleicht probierst du ihn aus, vielleicht nicht, das ist allein deine Entscheidung. Es liegt mir fern, dich zu etwas überreden zu wollen. Überzeugen dich meine Erläuterungen nicht, brauchst du sie ja nicht in die Tat umzusetzen.»

Genau das will ich auch Ihnen, liebe Leser*innen dieses Buches, sagen. Ich habe auf vielen Seiten dargelegt, hoffentlich verständlich, warum ich eine auf dem Deal «lieben, um geliebt zu werden, geben, um zu bekommen» beruhende Liebesbeziehung nicht für die beste Möglichkeit halte. Ferner habe ich viele praktische Tipps, alltagstaugliche Anregungen und konkrete Anleitungen gegeben, wie

Sie es anders machen können. Probieren Sie es aus, wenn die Theorie Ihnen einleuchtet. Am Ende kann nur die persönliche Erfahrung Ihnen zeigen, ob Ihre Partnerschaft davon profitiert.

So fasse ich an dieser Stelle nochmals kurz einige tragende Gedanken und Kernpunkte zusammen:

• Die im übrigen Alltagsleben praktizierten Prinzipien des Deals, also Leistung und Gegenleistung oder «Wie du mir, so ich dir» einschließlich der dabei unumgänglichen, oft unbefriedigenden Kompromisse, funktionieren in einer Liebesbeziehung nicht – das zeigt die Realität der Konfliktgründe, Trennungen und Scheidungen.

• Wir alle möchten bedingungslos geliebt werden. Dann beginnen wir doch selbst damit! Schließlich muss der «Klügere» den Anfang machen. Lassen wir die irrige Vorstellung fallen, wir bekämen nichts, wenn wir nicht selbst dafür sorgen und kämpfen, und unsere Zufriedenheit hänge von der Erfüllung unserer banalen Wünsche ab.

• Geben ist seliger als nehmen. Finden wir Erfüllung und Glück darin, unsere Liebe zu verschenken, ohne etwas dafür zu erwarten oder zu fordern.

• Die wesentlichen Hindernisse einer glücklichen Liebesbeziehung, die wir überwinden müssen, liegen
– im Ego mit seinen Wünschen, Ängsten, Trieben und dem Drang nach dem Drama des Lebens;
– im Festhalten an Rollenbildern und Illusionen und
– in den divergierenden Erwartungen an das Sexualleben.

• Die wichtigsten Grundlagen für eine glückliche Liebesbeziehung, die wir aufbauen und leben sollen, sind
– ein starkes Selbstwertgefühl, eine gesunde Selbstliebe;
– Authentizität, also uns zeigen, wie wir sind;
– die gute Kommunikation – offen sein für das Reden und im richtigen Moment schweigen können;
– Einheit statt Zweiheit.

Ich wünsche Ihnen wahre Liebe und Glück!

Alle, die in der Welt unglücklich sind,
sind es, weil sie nach ihrem Glück streben.
Alle, die glücklich sind in der Welt,
sind es, weil sie nach Glück für andere streben.

Shantideva

Leseproben aus allen Büchern des nada Verlags und weitere Infos:
www.nada-verlag.ch

Websites von Karin Jundt:
www.selbstliebe.ch
www.karma-yoga.ch

Reihe «Wegweiser» des nada Verlags

Bei allen Büchern dieser Reihe handelt es sich um Selbsthilfe-Ratgeber, die jeweils wie ein Kurs mit Aufgaben und Übungen aufgebaut sind.

Karin Jundt: Ich liebe mich selbst und mache mich glücklich
Softcover, 140 Seiten, ISBN 978-3-907091-04-3
Selbstliebe und Selbstwertgefühl sind unerlässlich für ein erfülltes, selbstbestimmtes, glückliches Leben. Die Autorin entwickelte auf der Basis ihrer Erfahrungen eine Methode zum Aufbau und zur Stärkung dieser wertvollen Eigenschaften und lehrte sie viele Jahre lang in Kursen und Seminaren.

Karin Jundt: Ich liebe mich selbst 2
Softcover, 156 Seiten, ISBN 978-3-907091-06-7
Von der Autorin als Fortsetzung und Ergänzung ihres ersten Ratgebers zur Selbstliebe konzipiert, befasst sich jedes der 26 kurzen Kapitel mit einer Verhaltensweise, die auf einer schwachen Selbstliebe beruht, und schlägt eine auf den gewöhnlichen Alltag ausgerichtete Übung vor, um diese Verhaltensweise zu verändern.

Karin Jundt: Die weise Führung der Seelenstimme
Softcover, 104 Seiten, ISBN 978-3-907091-18-0
Die Stimme der Seele – Seele nicht in einem eng religiösen Sinn verstanden, sondern als das Höhere, die Weisheit in uns – ist die Stimme der Wahrheit. Anders als die Stimmen des Verstands, Bauchs, Herzens und Unbewussten kann sie uns zuverlässig und stetig durch das ganze Leben leiten.
Obwohl sich die leise Seelenstimme nicht in klaren Worten äußert, ist jeder Mensch in der Lage, sie zu hören und zu verstehen, denn ihre besondere «Sprache» lässt sich lernen. Karin Jundt entwickelte dazu eine eigene Methode, die sie in Kursen weitergab und in diesem Buch erläutert.

Karin Jundt: Karma Yoga – Auf dem sonnigen Weg durch das Leben
Softcover, 140 Seiten, ISBN 978-3-907091-03-6
Der Karma Yoga, eine jahrtausendealte Lehre aus Indien, ist im Westen kaum bekannt. Man kann ihn, unabhängig von der eigenen religiösen Ausrichtung, zur wohltuenden Veränderung der inneren Haltungen praktizieren. Seine Erkenntnisse lassen sich leicht in das normale Leben einbauen und machen den Alltag selbst zum Übungsplatz. Den Grundsätzen des Karma Yoga zu folgen, führt zu einem Dasein mit weniger Ängsten und Sorgen und mehr Zuversicht und Mut.

Spirituelle Reihe «Sonnwandeln» des nada Verlags

«Sonnwandeln» ist ein von Karin Jundt erdachter Begriff mit der doppelten Bedeutung von «auf dem sonnigen Lebensweg wandeln» und «sich zu einem sonnigen Gemüt wandeln». Die Reihe umfasst fünf Bände, die aufeinander aufbauen.

Das Konzept ist einzigartig in seiner Ganzheitlichkeit und dem Alltagsbezug. Jedes Kapitel weist die gleiche Struktur auf: «Einführende Gedanken» bietet eine Einleitung in das Thema und wirft Fragen auf, die in den weiteren Rubriken «Vertiefende Aspekte» und «Fragen & Antworten» konkret und alltagsbezogen behandelt werden. Zu jedem Thema gibt es eine Aufgabe für die innere Entwicklung, ergänzt durch Vorschläge für Affirmationen, eine Imagination oder Meditation und unterstützende Heilsteine und Bach-Blüten.

Wie es für die Autorin charakteristisch ist, behandelt sie alle Themen mit einem klaren Bezug zum gewöhnlichen Alltag und gibt konkrete Anregungen.

Karin Jundt: Der Sinn des Lebens und die Lebensschule
(Sonnwandeln Band I), Softcover, 220 Seiten, ISBN 978-3-907091-05-0
Kap. 1: Der Sinn des Lebens und unsere Lebensaufgabe
Kap. 2: Lebensphasen und Lebenskrisen
Kap. 3: Zufall und Schicksal
Kap. 4: Freier Wille oder Vorbestimmung?
Kap. 5: Wille und Wollen
Kap. 6: Unsere Seelenstimme

Karin Jundt: Alltägliches Handeln im spirituellen Geist
(Sonnwandeln Band II), Softcover, 256 Seiten, ISBN 978-3-907091-07-4
Kap. 1: Viele Ängste, eine Angst: Ausweg Urvertrauen
Kap. 2: Die Macht der Gewohnheit
Kap. 3: Sieben Sünden, sieben Tugenden
Kap. 4: Du sollst nicht lügen!
Kap. 5: Ethik und Moral – Normen, Regeln, Konventionen
Kap. 6: Versuchung, Achtsamkeit und Selbstkontrolle

Karin Jundt: Über allem die Liebe
(Sonnwandeln Band III), Softcover, 236 Seiten, ISBN 978-3-907091-13-5
Kap. 1: Liebe deinen Nächsten wie dich selbst.
Kap. 2: Nächstenliebe – doch das oberste Gebot?
Kap. 3: Muss ich Vater und Mutter unbedingt ehren?
Kap. 4: Liebe ist kein Deal.
Kap. 5: Scheiden tut weh! Trennung und Tod
Kap. 6: Einsamkeit und Alleinsein

Karin Jundt: Unsere innere Welt
(Sonnwandeln Band IV), Softcover, 240 Seiten, ISBN 978-3-907091-14-2
Kap. 1: Mein Ego, dein Ego
Kap. 2: Denken und Fühlen
Kap. 3: Wünsche und Begehren
Kap. 4: Anhaftung und Loslassen
Kap. 5: Woher nehme ich die Kraft?
Kap. 6: Krank oder heil

Karin Jundt: Das spirituelle Leben
(Sonnwandeln Band V), Softcover, 216 Seiten, ISBN 978-3-907091-15-9
Kap. 1: Absolute Hingabe oder Freizeitspiritualität?
Kap. 2: Was gehört zu mir und was ist fremd?
Kap. 3: Heilige Schriften: nicht nur für Schriftgelehrte
Kap. 4: Inneres und äußeres Leben
Kap. 5: Und wo bleibt die Erleuchtung?

Belletristik im nada Verlag

Manfred Kyber: Der Königsgaukler
Hardcover, 72 Seiten, ISBN 978-3-907091-08-1
Ein zeitloses spirituelles Märchen über den Lebensweg eines jeden Menschen zu seinem höheren Selbst, ein Märchen, das Mut macht, Hoffnung schenkt und Trost spendet. Diese neue Ausgabe entspricht dem Originaltext der Erstpublikation aus dem Jahr 1921, berücksichtigt jedoch die neue deutsche Rechtschreibung.
Das Büchlein ist liebevoll und edel gestaltet, um diesem Juwel der spirituellen Literatur gerecht zu werden, und eignet sich auch hervorragend als Geschenk.

Gianna Duschletta, Karin Jundt: Baderledas und Einsichten
Zweisprachig Deutsch / Rätoromanisch (Puter)
Softcover, 152 Seiten, ISBN 978-3-907091-17-3
In dieser Sammlung von Anekdoten und kurzen Geschichten plaudern die Autorinnen über ihre Erinnerungen, Erfahrungen, Beobachtungen und Gedanken. Jeder Text ist zweisprachig Deutsch und Rätoromanisch (Puter).
In quista collecziun dad anecdotas ed istorgias cuortas baderlan las auturas da lur algordanzas, experienzas, observaziuns ed impissamaints. Mincha text es biling rumauntsch (puter) e tudas-ch.

Karin Jundt: Jonathan von der Insel
Softcover, 160 Seiten, ISBN 978-3-907091-09-8
E-Book: ISBN 978-3-907091-11-1
Der Fischer Jonathan macht einen außergewöhnlichen Fang: einen bunten, sprechenden Fisch, der Wünsche erfüllt – allerdings anders, als man es erwartet. Beim jungen Mann löst er den Prozess der bewussten inneren Entwicklung aus. Auch Jonathans Freundin Serena begegnet dem Fisch, und er weist ihr den Weg aus einer schwierigen, leidvollen Zeit. Beim Dorftrottel Beppi scheint der Fisch sogar Wunder zu wirken.

Karin Jundt: Der Wanderer im dunklen Gewand
Softcover, 164 Seiten, ISBN 978-3-907091-10-4
E-Book: ISBN 978-3-907091-12-8
Er erwacht eines Nachts unter dem Sternenhimmel, weiß nicht, wer er ist, woher er kommt, wohin er gehen soll, und macht sich auf den Weg. In dieses Leben hineingestellt, sucht der Wanderer seinen Weg, lernt durch Erfahrungen und Erkenntnisse – und wundert sich über die immer zahlreicheren goldenen Flecken an seinen dunklen Kleidern.